Gymnasium Bayern

Deutschbuch 9

Schulaufgabentrainer

Herausgegeben von
Wilhelm Matthiessen (München),
Bernd Schurf (Neuss) und
Wieland Zirbs (Passau)

Erarbeitet von
Katrin Brennessel (Haar),
Winfried Kober (Prien am Chiemsee),
Angelika Mauersich (München),
Mechthild Wand (Landsberg),
Manuela Weber (München) und
Stephan von Weinrich (Simbach am Inn)

Cornelsen

Deutschbuch
Schulaufgabentrainer
Lösungen 9

Seite 4

1 a) *zum Beispiel:*
__revolutionieren__ (Z. 6): erneuern, grundlegend umwandeln
__Ästhetik__ (Z. 14): Wissenschaft vom Schönen; hier: Schönheit
__Soziologiestudent__ (Z. 41 f.): Student der Gesellschaftswissenschaft
__Rowdy-Image__ (Z. 52): schlechter Ruf, Raufbold-Image

b) *zum Beispiel:*

Abschnitt 1, Z. 1–11:
- *Film als Vorbild für die Sportart Parkour*
- *Parkour: Extremsportart, Überwindung von Architektur mit Körperkraft*

Abschnitt 2, Z. 12–21:
- *15-jährige Schweizer Steven*
- *Parkour als Rebellion gegen Grenzen*
- *Ziel: Coolness*

Abschnitt 3, Z. 23–28
- *in Frankreich Gleichgesinnte*
- *Ziele: mentale und physische Freiheit*
- *Steven lernt von Szenegröße David Belle*

Abschnitt 4, Z. 29–37
- *Werdegang Davids*
- *Vater: Vietnam-Sodat*
- *erst Natur, dann Stadt als Trainingsgelände*
- *Film macht David berühmt*

Abschnitt 5, Z. 38–45
- *21-jährige Steven hat anderes Verständnis von Parkour*
- *Grenzen und Angst überwinden*
- *regelmäßiges Training*

Abschnitt 6, Z. 46–51
- *Respekt vor Umwelt und Körper*
- *realistische Selbsteinschätzung als Überlebensgarantie*

Abschnitt 7, Z. 52–58
- *Parkour von schlechtem Ruf befreien*
- *Parkour als Sucht*
- *gegen kommerzielle Nutzung öffentlichen Raums*

Abschnitt 8, Z. 59–63
- *Steven kennt die besten Gelände in Deutschland*

Seite 5

2
- *Parkour ist eine Extremsportart, bei der es darum geht, auf einem Weg von A nach B alle Hindernisse mit reiner Körperkraft zu überwinden.*
- *Die Sportart stammt aus Frankreich und wurde durch einen Film bekannt.*
- *Steven ist davon fasziniert, körperliche und geistige Grenzen zu überwinden.*
- *Eine realistische Einschätzung der eigenen Fähigkeiten ist eine Voraussetzung für diesen Sport.*

3
- ☐ *Der Text informiert über die Entstehung der Extremsportart „Parkour" und erklärt, welche körperlichen Voraussetzungen man haben muss, um diese Sportart auszuüben, und welche Ziele Parkour-Sportler haben.*
- ✗ *Der Text informiert über den Ursprung und die Hintergründe der Extremsportart „Parkour" und schildert anhand der Erfahrungen des Extremsportlers Steven, welche Faszination von diesem Sport ausgeht.*
- ☐ *In dem vorliegenden Text geht es um das Leben von Steven, der als 15-Jähriger seine Liebe zur Extremsportart „Parkour" entdeckt hat und heute zu den bekanntesten Traceurs Deutschlands zählt.*

Seite 6

4 a) *Fasse den Inhalt des Textes „Rebellion gegen die Schwerkraft" von Yoko Rückerl knapp zusammen. Erläutere anschließend, um welche Textsorte es sich handelt, und mache abschließend deutlich, welche Absicht die Verfasserin mit ihrem Artikel verfolgt. Berücksichtige hierbei auch sprachliche Auffälligkeiten. Belege deine Ergebnisse anhand des Textes.*

b)
- ✗ *Ich soll den Inhalt des Textes im Präsens knapp zusammenfassen.*
- ☐ *Ich soll Stellung nehmen zu der These, dass Parkour eine äußerst gefährliche Sportart ist, und meine Ausführungen mit Argumenten und Beispielen aus dem Text belegen.*
- ✗ *Ich soll den Artikel einer Textsorte zuordnen und mein Ergebnis anhand des Textes (Aufbau und sprachliche Besonderheiten) belegen.*
- ☐ *Ich soll zu dem im Text dargestellten Problem Stellung nehmen und meine eigenen Erfahrungen bei der Stellungnahme einbeziehen.*
- ✗ *Ich soll darstellen, welches Ziel die Verfasserin mit ihrem Artikel verfolgt, und meine Einschätzung mit Textpassagen belegen.*
- ☐ *Ich soll die Argumente aus dem Text herausarbeiten, die für die Extremsportart „Parkour" sprechen.*

5 a) **Autorin:** *Yoko Rückerl*
Titel: *Rebellion gegen die Schwerkraft*
Quelle/Fundort des Textes: *Berliner Zeitung, 25. August 2006*
Kernaussage: *Der Text informiert über den Ursprung und die Hintergründe der Extremsportart Parkour und schildert anhand des Extremsportlers Steven, welche Faszination von diesem Sport ausgeht.*

b) *zum Beispiel:*

1. Sinnabschnitt (Z. 1–11): Anschauliche Darstellung einer Filmszene
- *Zugang zum Thema über Schilderung einer Szene aus dem Kinofilm „Yamakasi – Die Samurai der Moderne", der die Sportart „Parkour" bekannt macht, dann Informationen, was Parkour ist.*

2. Sinnabschnitt (Z. 12–21): 15-jähriger Schweizer Steven
- *Konkretes Beispiel: Steven begeistert von Schwerelosigkeit und Rebellion gegen Grenzen; informiert sich über Parkour, will cool sein.*

3. Sinnabschnitt (Z. 23–28): Gleichgesinnte in Frankreich; weitere Gründe für Parkour
- *Steven lernt in Frankreich von Szene-Idol David Belle.*
- *Die „Traceurs" wollen geistige und körperliche Freiheit erreichen.*

4. Sinnabschnitt (Z. 29–37): Informationen über David Belle
- *David gilt als Begründer des Parkour; hat den Sport von seinem Vater, einem ehemaligen Vietnam-Soldaten, erlernt; verlagert den Sport von der Natur in die Stadt.*
- *Bessons Film „Ghettogangz – Die Hölle von Paris" macht ihn 2004 berühmt.*

5. Sinnabschnitt (Z. 38–45): Stevens neue Einstellung zu Parkour
- *Jahrelanges hartes Training verändert Stevens Ziele; mit 21 sieht er in Parkour eine Möglichkeit, physische und psychischen Grenzen und die eigene Angst zu überwinden.*

6. Sinnabschnitt (Z. 46–51): Überlebensstrategien
- *Eine realistische Einschätzung der eigenen körperlichen Fähigkeiten ist Voraussetzung für diesen Sport; Selbstüberschätzung würde zu tödlichen Unfällen führen.*
- *Der Respekt vor dem Körper wird ergänzt durch den Respekt vor der Umwelt.*

7. Sinnabschnitt (Z. 52–58): Veränderung der öffentlichen Wahrnehmung von Parkour
- *Steven will Ruf des Parkour verbessern; will sich mit der Gesellschaft arrangieren, beschreibt Parkour aber auch als Sucht.*
- *Auflehnung gegen die Besetzung öffentlicher Räume durch wirtschaftliche Interessen.*

8. Sinnabschnitt (Z. 59 bis 63): Parkour-Plätze; Begegnungen mit den Traceurs
- *Steven kennt die beliebtesten Plätze in Deutschland; Aufzählung der Hot-Spots.*
- *Abschluss mit der Vorstellung, dass Traceurs auch private Bereiche durchqueren. Bewunderung des Autors für ihre geisterhafte Schnelligkeit.*

Seite 7

6 *a) und b) zum Beispiel:*

Merkmale einer Reportage	***Beispiel aus dem Text (Zitat mit Zeilenangabe)***	***Wirkung auf den Leser/Schreibabsicht***
☐ *szenischer Einstieg*	*„Die Männer sind auf der Flucht, keuchend rennen sie um ihr Leben." (Z. 1)*	*Der Leser wird unmittelbar ins Geschehen hineingezogen, Spannung wird erzeugt.*
☐ *sachlich informierende Textteile*	*„Dabei werden auf einem Weg von A zum selbst gewählten Ziel B alle Hindernisse scheinbar mühelos überwunden. [...] Die städtische Architektur soll allein durch Körperkraft bezwungen werden." (Z. 7–11)*	*Die Verfasserin erklärt, was „Parkour" ist und wie diese Sportart ausgeübt wird.*
☐ *allgemeine Hintergrundinformationen zum Thema*	*„Sein Vater Raymond brachte ihm bereits im Kindesalter in den Wäldern Nordfrankreichs den Sport bei. Der ehemalige Vietnam-Soldat lehrte ihn die „méthode naturelle", ein Überlebenstraining mit dem Ziel, dem Gegner schnellst möglich zu entkommen. Dabei stehen das Hindernis und das Einswerden mit der Umwelt im Vordergrund." (Z. 29–32)*	*Der Leser erfährt mehr über die Ursprünge und Hintergründe des Themas, er versteht das Thema besser, weiteres Interesse kann dadurch geweckt werden.*
☐ *packende, emotionale Schreibweise*	*„Das will ich auch können." [...] Zäune und Mauern ignorieren, Passanten mit waghalsigen Sprüngen schocken: die Rebellion gegen Grenzen zieht Steven magisch an." (Z. 13–Z. 17)*	*Der Leser identifiziert sich mit Steven, kann die Faszination des Sportes nachvollziehen und wird emotional eingebunden.*
☐ *persönliche Meinung der Verfasserin*	*„Dabei steht Respekt vor der Umwelt und dem Körper im Vordergrund." (Z. 47)*	*Die Autorin beurteilt die Sportler positiv.*
	„Zu einer Anzeige wegen Hausfriedensbruch kommt es seltener als zu Bänderrissen – dafür sind sie einfach zu schnell wieder weg." (Z. 62–63)	*Die Autorin lässt seine Bewunderung für die Geschicklichkeit der Sportler durchblicken.*
☐ *wörtliche Rede (Interviewbeiträge)*	*„‚Wüsste ich nicht, wie weit ich springen kann, wäre ich schon längst tot', sagt Steven." (Z. 47–48)*	*Die Autorin lockert den Text durch Redebeiträge auf und verstärkt die Glaubwürdigkeit seines Textes.*
☐ *Präsens*	*„Stevens größtes Ziel ist es, Parkour vom Rowdy-Image zu befreien." (Z. 52)*	*Die Autorin ist vor Ort, das Gesagte ist aktuell.*
☐ *Hintergrundinformationen manchmal im Präteritum*	*„Die Szene [...] revolutionierte einen Sport, der nicht neu und trotzdem noch unbekannt ist: Parkour." (Z. 5–7)*	*Der Leser erkennt, dass es sich um Hintergrundinformationen zur Entwicklung von Parkour handelt.*

Seite 8

7 *a) und b) zum Beispiel:*

Merkmale	*Beispiele aus dem Text (Zitat mit Zeilenangabe)*	*Wirkung*
□ *Satzbau: überwiegend einfache Hauptsätze*	*„Nach dem Umzug der Familie nach Paris trainierte David weiter. Die Hindernisse waren nun Häuser. Über die zog er dann auch mit dem Schweizer Steven." (Z. 33–35)*	*Die Aneinanderreihung einfacher Hauptsätze lässt ein dichtes Bild entstehen.*
□ *beschreibende Adjektive*	*„schwerelos" (Z. 14), „waghalsigen" (Z. 16), „magisch" (Z. 17)*	*Beschreibende Adjektive veranschaulichen das Gesagte. Der Text wird lebendiger.*
□ *Vergleiche*	*„Die sieben Yamakasi beeindrucken [...] durch ihre Eleganz und Ästhetik, mit der sie wie Spiderman beinahe schwerelos alle Hindernisse überwinden, die ihnen in Stadt oder Wald unter Füße und Hände kommen." (Z. 13–15)*	*Vergleiche veranschaulichen das Gesagte. Sie helfen dem Leser z. B. dabei, sich etwas so Neuartiges wie Parkour vorstellen zu können.*
□ *jugend- und szenesprachliche Wendungen*	*„Kick" (Z. 27), „Szene-Idol" (Z. 29), „Parkour-Hot-Spots" (Z. 59)*	*Die Umgangssprache der Jugendlichen und der Parkour-Sportler wird wiedergegeben, klingt authentisch.*
□ *subjektiv wertende Sprache*	*„Dabei steht Respekt vor der Umwelt und dem Körper im Vordergrund." (Z. 47)*	*Verfasser wertet, will die Sportart Parkour positiv darstellen.*
□ *humorvoller Kommentar des Autors*	*„Trotzdem kommt es vor, dass die Extremsportler auch mal durch einen Garten rennen. Zu einer Anzeige wegen Hausfriedensbruch kommt es seltener als zu Bänderrissen – dafür sind sie einfach zu schnell wieder weg." (Z. 61–Z. 63)*	*Humorvolle Betrachtung am Ende zeigt die Sympathie des Verfassers mit den Parkour-Sportlern.*
□ *Zitate eines Experten*	*„Die eigenen Grenzen aufbrechen, das Ausblenden und gleichzeitige Verschmelzen mit der Umwelt, das ist unser Kick" (Z. 26–27)*	*Die Reportage gewinnt an Glaubwürdigkeit. Der Leser vertraut darauf, dass die Information, die der Experte gibt, richtig ist.*
□ *Zwischenüberschriften*	*„Höhenangst war sein größter Feind" (Z. 22)*	*Der Leser wird darauf neugierig gemacht, wie der Text weitergeht.*

Seite 9

8 *zum Beispiel:*

A. Reportage „Rebellion gegen die Schwerkraft" von Yoko Rückerl aus der Berliner Zeitung vom 25.8.2006 informiert anhand eines Beispiels über die Extremsportart „Parkour"

B. Textzusammenfassung
- *I. Film veranschaulicht Faszination von Parkour*
- *II. Begeisterung des 15-jährigen Schweizer Steven*
- *III. Steven trifft Gleichgesinnte in Frankreich*
- *IV. Informationen zu Parkour-Star David Belle*
- *V. Training verändert Stevens Einstellung; Grenzen und Ängste überwinden*
- *VI. Überlebensstrategien*
- *VII. Parkour in der öffentlichen Wahrnehmung aufwerten*
- *VIII. Humorvoller Schlusskommentar: Schnelligkeit der Traceurs*

C. Beantwortung der weiterführenden Aufgabe
- *I. Bestimmung der Textsorte: Reportage*
  1. *Szenischer Einstieg*
  2. *Darstellung eines aktuellen Themas*
  3. *Sachlich informierende Texteile*
  4. *Hintergrundinformationen*
  5. *Packende Schreibweise*
  6. *Persönliche Meinung des Autors*
  7. *Interviewbeiträge, direkte Rede*
  8. *Präsens*
- *II. Absicht des Autors*
  1. *Leser informieren; sachliche Schreibweise*
  2. *Leser packen; anschauliche Schreibweise: Adjektive, Szenesprache, kurze Sätze*
  3. *Inhalt bewerten: Kommentare, Humor*

9 *a) zum Beispiel:*
Der vorliegende Text „Rebellion gegen die Schwerkraft" vom 25. 08. 2006 stammt aus der Berliner Zeitung. Yoko Rückerl, die Verfasserin des Textes, hat es sich zur Aufgabe gemacht, über den Ursprung und die Hintergründe der Extremsportart „Parkour" zu informieren und die Faszination dieses Sports anhand des Extremsportlers Steven zu beschreiben.

b) *zum Beispiel:*
Die Reportage setzt mit der Schilderung einer Szene aus dem Kinofilm „Yamakasi – Die Samurei der Moderne" ein, der die Sportart „Parkour" bekannt gemacht hat. Bei dieser Extremsportart geht es darum, mit der eigenen Körperkraft alle Hindernisse in der städtischen Architektur, zum Beispiel Mauern, Hauswände, Litfaßsäulen, Mülltonnen oder Zäune, zu überwinden, um an ein selbst gewähltes Ziel zu kommen.
Am Beispiel des 15-jährigen Schweizers Steven beschreibt die Autorin dann, welche Begeisterung der Parkour-Sport auf einen jungen Menschen ausüben kann. Steven ist so fasziniert von der Aufhebung scheinbarer Grenzen, aber auch von der Schönheit und der Coolness dieses Sports, dass er sich umfassend über Parkour informiert und in Paris das erste Mal selbst als Sportler aktiv wird.
Auf der Suche nach Gleichgesinnten trifft Steven in Frankreich auf David Belle, den Star der Parkour-Szene, der ihn jahrelang trainiert.
Im Anschluss berichtet der Autor kurz über den Werdegang Davids, der als Gründer der Sportart „Parkour" gilt. Zunächst von seinem Vater, einem ehemaligen Vietnam-Soldaten, darin trainiert, einem Gegner in der Natur möglichst schnell zu entkommen, überträgt David den Sport später in die Stadt. Durch einen Film, den er unter der Regie von Luc Bessson über Parkour dreht, wird er endgültig zum Szene-Idol.
Unter dem Einfluss Davids verändert sich Stevens Einstellung zu Parkour. Neben den körperlichen Aspekten tritt nun auch die mentale Entwicklung in den Vordergrund. Es geht um psychische Grenzerfahrungen und um die Überwindung von Ängsten. Dabei ist Steven zwar mutig, aber nicht tollkühn, denn Selbstüberschätzung kann bei Parkour fatale Folgen haben.
Stevens Wunsch für die Zukunft seiner Sportart ist es, dass sich ihr Ruf verbessert. Traceurs können zwar keinem interessanten Trainingsgelände ausweichen, auch dann nicht, wenn das verboten ist, aber sie sind keine Kriminellen.
Diese Einschätzung bestätigt der Autor mit seinem humorvollen Schlusskommentar. Traceurs werden nicht wegen Hausfriedensbruchs angezeigt, dafür sich sie viel zu schnell wieder weg.

c) *zum Beispiel:*
Dass dieser Text eine Reportage ist, kann man anhand vieler charakteristischer Merkmale erkennen. Zum einen liegt ein unmittelbarer szenischer Einstieg vor: „Die Männer sind auf der Flucht, keuchend rennen sie um ihr Leben. Hindernissen weichen sie nicht aus, sie rennen einfach darüber hinweg [...]" (Z. 1 f.). Hier wird in anschaulicher Weise geschildert, wie faszinierend die Sportart Parkour ist. Der Leser wird dadurch unmittelbar in das Geschehen hineingezogen.
Typisch für eine Reportage ist auch, dass es neben den packenden und anschaulichen Passagen Textteile gibt, die über den Gegenstand der Reportage sachlich informieren. Das betrifft etwa die exakte Definition des Parkour-Sports (Z. 7 f.) oder Hintergrundinformationen zu David Belle: „Sein Vater brachte ihm bereits im Kindesalter in den Wäldern Nordfrankreichs den Sport bei" (Z. 9 f.).
Ein weiteres Erkennungszeichen der Reportage sind vereinzelte Zitate aus einem oder mehreren Interviews. Zum Beispiel äußert sich Steven zum Problem einer richtigen Selbsteinschätzung: „Wüsste ich nicht, wie weit ich springen kann, wäre ich schon längst tot" (S. 47 f.). Diese Passagen in direkter Rede sorgen dafür, dass der Text lebendiger wird. Überdies wirkt das Gesagte authentisch.
Darüber hinaus ist der Text weitgehend im Präsens gehalten, was seine Aktualität hervorhebt, und über weite Strecken packend geschrieben. Ein Beispiel von vielen ist dafür die folgende Textstelle: „Zäune und Mauern ignorieren, Passanten mit waghalsigen Sprüngen schocken: die Rebellion gegen Grenzen zieht Steven magisch an" (Z. 16 f.). Zum Schluss sei noch angemerkt, dass die Autorin gelegentlich auch ihre eigene Meinung durchblicken lässt. So bewertet sie den Parkour-Sport mit dem Wort „Respekt" (Z. 47) sehr positiv und hält auch mit ihrer Bewunderung für die geisterhafte Schnelligkeit der Traceurs in den beiden letzten Zeilen des Textes nicht hinter dem Berg.
Hinweise auf die Absicht der Verfasserin geben die Textsorte (Reportage), aber auch die sprachliche Gestaltung des Artikels. Mit ihrer Reportage möchte die Verfasserin ein anschauliches Bild über die Extremsportart „Parkour" vermitteln, aber auch Hintergrundinformationen darüber liefern.
In den informativen Teilen, etwa der Definition von Parkour (Z. 7 f.) herrscht eine eher sachliche Sprache vor. Zusammen mit den Hintergrundinformationen zu David Belle (Z. 29–37) wird deutlich, dass die Autorin ihren Lesern Wissen über einen weitgehend unbekannten und aktuellen Gegenstand vermitteln will. Der Eindruck seriöser Wissensvermittlung wird auch durch Expertenzitate verstärkt, die im Fall von Steven außerdem eine hohe Authentizität haben. Wenn Steven sagt: „Wüsste ich nicht, wie weit ich springen kann, wäre ich schon längst tot" (Z. 47 f.), dann ist klar, dass die Autorin mit einem direkt Beteiligten spricht.
Dass die Autorin auch die Absicht hat, ihre Leser zu unterhalten und emotional zu packen, lässt sich ebenfalls an einer Reihe sprachlicher Besonderheiten festmachen. Durch die Verwendung vieler kurzer Hauptsätze, zeichnet die Autorin etwa ein sehr dichtes Bild von ihrem Gegenstand. Der Lesefluss wird gesteigert und der Leser kann dem Artikel leicht und gespannt folgen. So liest sich der Einstieg beinahe atemlos: „Die Männer sind auf der Flucht, keuchend rennen sie um ihr Leben. Hindernissen weichen sie nicht aus, sie rennen einfach darüber hinweg [...]" (Z. 1 f.). Zur Anschaulichkeit des Geschilderten tragen außerdem zahlreiche beschreibende Adjektive bei: „schwerelos" (Z. 14), „waghalsigen" (Z. 16), „magisch" (Z. 17). Auch ein Vergleich der Traceurs mit „Spiderman" hilft den Lesern dabei, sich die Aktionen der Parkour-Sportler bildlich vorzustellen. Die Farbigkeit des Textes wird zudem von der direkten Rede (Z. 47 f.) und Ausdrücken aus der Szenesprache wie „Kick" (Z. 27), „Szene-Idol" (Z. 29) oder „Parkour-Hot-Spots" (Z. 59) unterstützt.
Schließlich kann man wertenden Begriffen, wie z. B. „Respekt" und einem humorvoll bewundernden Schlusskommentar auch entnehmen, dass die Autorin ihrem Gegenstand Sympathie entgegenbringt. Damit ist es letztlich auch ihr Anliegen, das Verständnis für die Extremsportler in der Gesellschaft zu vergrößern.

Seite 11

1 b) *Ich soll ...*

- ▪ *im Präteritum die jüngere Geschichte eines Bundesligavereins nacherzählen.*
- ▪ *im Präsens den Inhalt des gesamten Textes zusammenfassend wiedergeben.*
- ✗ *aufzeigen, wie der Autor seine Meinung mit sprachlichen Besonderheiten zu erkennen gibt.*
- ▪ *eine Erörterung zu der Frage schreiben, ob Kinder an Firmen verkauft werden sollten.*
- ▪ *darstellen, wie der Autor seinen Text aufbaut und wie dieser Textaufbau wirkt.*
- ✗ *sagen, was ich selbst von der Meinung des Autors halte.*

2 a) *zum Beispiel:*
operieren (Z. 23): handeln
Kalkulation (Z. 35): Berechnung, Kostenermittlung
Businessplan (Z. 39): Geschäftsplan, Konzept eines Unternehmens
Deal (Z. 69.): Handel, (unlauteres) Geschäft

b) *zum Beispiel:*

Abschnitt 1, Z. 1–19
Blacks aus New York bieten Vorname ihres Neugeborenen zur Versteigerung an
Ziel der Blacks: 500.000 Dollar von Konzern; wirtschaftliche Unabhängigkeit
Babyname z. B. Mars oder Coke

Abschnitt 2, Z. 20–24
Konzerne entdecken Identität als Werbefläche

Abschnitt 3, Z. 25–32
21 % der Eltern würden Kindernamen verkaufen
28 % würden über Verkauf nachdenken

Abschnitt 4, Z. 33–42
Geld im Zentrum aller Überlegungen: Rechnet sich der Kauf eines Kindernamens?

Abschnitt 5, Z. 43–53
HSV verkaufte Namen seines Fußballstadions für 30 Millionen
Stadion heißt für fünf Jahre AOL-Arena
Vorstand glücklich, Fans gespalten: Wirtschaft oder Tradition?

Abschnitt 6, Z. 54–62
Autor fragt: Wo liegt der Zusammenhang zwischen HSV und AOL?
„Uwe-Seeler-Stadion" wäre passender gewesen

Abschnitt 7, Z. 63–68
Spott des HSV-Publikums

Abschnitt 8, Z. 69–74
Auswüchse wirtschaftlicher Überlegungen: „Coca-Cola-Liga"

Abschnitt 9, Z. 75–82]
Was bringt mehr: Stadion des HSV oder Kindername?
Kindername vielleicht zu teuer; Blacks bislang ohne Angebot

3 *Ulrich Stocks Beitrag „Der geborene Werbeträger", 2001 in der „ZEIT" erschienen, zeigt auf, dass ...*

- ☐ *moderne Eltern ihre Kinder heute aus Not an die Werbeindustrie verkaufen.*
- ☐ *die Werbewirtschaft immer wieder durch originelle Ideen auffällt.*
- ☒ *Werbung fragwürdige Formen angenommen hat.*
- ☐ *die großen Konzerne viel Geld ausgeben müssen, um für sich zu werben.*

4 *zum Beispiel*

Problem: Käuflichkeit des Namens

Kind	Stadion
– Geldmangel der Familie	– Geldmangel des Vereins
– Verkauf des Kindernamens	– Verkauf des Stadionnamens
– Befürwortung eines Verkaufs durch Verantwortliche (Eltern)	– Befürwortung des Verkaufs durch Verantwortliche (Vereinsvorsitzende)
– Verkauf der Identität als Werbefläche (Kindername)	– Verkauf der Identität als Werbefläche (Tradition und Kultur des Fußballklubs)
– Konzerne zeigen prinzipielles Interesse; Identität als Werbefläche liegt im Trend	– Konzerne kaufen Identität eines Klubs
– ausschließlich wirtschaftliches Interesse der Konzerne	– ausschließlich wirtschaftliches Interesse der Konzerne
– inhaltlicher Zusammenhang zwischen Kind und beworbenem Artikel nicht erkennbar	– inhaltlicher Zusammenhang zwischen Kind und beworbenem Artikel nicht erkennbar

5 *Das nüchterne Rechenbeispiel des Autors soll verdeutlichen, ...*

- ☐ *dass Mr Black bei der Namensversteigerung einfach einen zu hohen Preis gefordert hat.*
- ☐ *dass die Firmen Millionen zahlen, damit Fußballvereine ihren Namen bekannt machen.*
- ☐ *dass der Preis für Werbeflächen nach Größe und Bedeutung kalkuliert werden muss.*
- ☒ *wie absurd es ist, wenn alles käuflich wird, sogar der Name eines Kindes.*

Seite 12

6 *a) und b) zum Beispiel:*

„Soll ein Kind wie eine Limonade heißen? [...] Ein Widerspruch" (Z. 2–4)
→ *Der Autor ist nicht der Meinung, dass ein Kind wie eine Limonade oder Dosensuppe heißen soll.*
„Es ist ein Junge [...] und er heißt, er heißt – ja, wie er heißt, das wollten die Blacks nicht selbst entscheiden." (Z. 8 f.)
→ *Der Autor baut Spannung auf. Ein Name wird angekündigt wie ein Gewinnername bei der Oscarverleihung. Da die Namensvergabe aber ausbleibt, erscheint der ganze Satz ironisch.*
„Lebenslange Werbung gegen einmalige Zahlung." (Z. 13 f.)
→ *Die Gegenüberstellung von „lebenslang" und „einmalig" verdeutlicht ein Ungleichgewicht. Der Autor tadelt das.*
„Und das wäre wunderwunderschön [...]" (Z. 16)
→ *Der Autor ironisiert die Beweggründe der Eltern mittels einer Übertreibung.*
„Wie viele Kontakte bringt ein Markenvorname über die Jahre? Rechnet sich das? [...] Das alles will erwogen und in Businesspläne eingearbeitet sein." (Z. 35–39)
→ *Der Autor spießt die absurden Überlegungen von Konzernmanagern ironisch auf. Seine ironische Absicht wird durch die Fragen besonders betont.*
„Nur ein gesundes Kind ist als Werbefläche interessant." (Z. 41 f.)
→ *Der Autor reizt die Leser zum Widerspruch. Das Auswahlkriterium „Gesundheit" erscheint unmenschlich.*
„Was hat der weltweit operierende Internetriese AOL mit dem HSV zu schaffen?" (54 f.)
→ *Der Autor drückt sein Unverständnis und seine Ablehnung aus.*
„Vielleicht benennen sie ein Kassenhäuschen nach ihm", vermutet ein enttäuschter Anhänger. (Z. 60 ff.)
→ *Der Autor schließt sich einer spöttischen Bemerkung eines Fans kommentarlos an.*
„Wo wäre das Geld besser angelegt? Muss man einfach mal alles durchrechnen. Kann sein, dass der Kinderpreis zu hoch ist." (Z. 78 ff.)
→ *Der Autor tut so, als würde er die Überlegungen von Verkäufern und Käufern ernsthaft nachvollziehen. Fragestellung und Fazit sind jedoch ironisch zu verstehen.*

7

	Beispiele aus dem Text (Zitate)		***Fachbegriffe und Wirkung***
A	*„Wie viele Kontakte bringt ein Markenvorname über die Jahre? Rechnet sich das?" (Z. 35 f.).*	A	*Rhetorische Frage, um die Leser direkt anzusprechen, und der Aussage mehr Gewicht zu verleihen.*
B	*„Ein Scherz das alles? Nein [...]" (Z. 20).*	E	*Übertreibung, die die scheinbar wirkungsvolle Namensgebung von Werbeträgern ins Lächerliche zieht.*
C	*„Der Abendblatt-Leser J. R. Prüß: ‚Hiermit gebe ich bekannt, dass der Wäschetrockenbereich in meinem Garten nicht mehr Wäschetrockenbereich heißt, sondern T-Shirt-Online Arena. Dafür habe ich 30 Mark bekommen, die ich in die Verstärkung meines Gartenzwergteams investiere'" (Z. 63–68).*	D	*Fachbegriff aus der Werbesprache wird im Zusammenhang mit einem Kind verwendet; zeigt, dass ein Kind hier als Werbemittel missbraucht werden soll.*
D	*„Nur ein gesundes Kind ist als Werbefläche interessant" (Z. 41 f.).*	B	*Ironie, ironische Verwendung von Rechenbeispielen aus der Werbung, um das Geschäftsdenken in der Werbung zu entlarven.*
E	*„[...] scheint weniger eine Frage des Gewissens als der gewissenhaften Kalkulation" (Z. 33–35).*	C	*Wortspiel, um zu verdeutlichen, dass hier Gewissensfragen und Geschäft in einen Widerspruch zueinander geraten.*

Seite 13

8 *a) und b) zum Beispiel:*

Position des Autors	***Eigene Pro-Argumente***	***Eigene Kontra-Argumente***
☐ *Stock hält den Verkauf eines Kindernamens für unsittlich.*	☐ *Kind wurde gar nicht gefragt.* ☐ *Kind wird als Einnahmequelle missbraucht.* ☐ *Kind muss einen lächerlichen Namen ein Leben lang tragen.*	☐ *Eltern sind in ihrer Namensgebung frei.* ☐ *Wichtiger als Name ist die wirtschaftliche Versorgung.*
☐ *Stock sieht den Verkauf eines Stadionnamens kritisch.*	☐ *Name kann unpassendes Image vermitteln.* ☐ *Verträge nicht von Dauer* ☐ *Abhängigkeit des Vereins von Firma* ☐ *Ausverkauf von Traditionen*	☐ *finanzielle Möglichkeiten*

c) zum Beispiel:
Die Argumente auf der Pro-Seite überzeugen mich mehr, weil sie die Würde des Kindes und die Tradition eines Vereins gegenüber rein finanziellen Erwägungen verteidigen.

9 *zum Beispiel:*

A. *Zeitungsartikel „Der geborene Werbeträger" von Ulrich Stock aus der Wochenzeitung „DIE ZEIT" vom 16.08.2001 kommentiert den Verkauf von Kindernamen und Fußballstadien als Werbeflächen kritisch*

B. *Zusammenfassung der Aussagen*
- I. *Beispiel der Blacks: Kindername als Werbefläche unsittlich*
- II. *Konzerne erobern Identität als Werbemöglichkeit*
- III. *Anzahl der Eltern hoch, die den Namen ihres Kindes verkaufen würden*
- IV. *Konzerne: Geld im Zentrum aller Überlegungen*
- V. *HSV-Stadion nun AOL-Arena; glücklicher Vorstand, gespaltene Fans*
- VI. *Zusammenhang von HSV und AOL nicht erkennbar*
- VII. *Spott des HSV-Publikums*
- VIII. *Auswüchse wirtschaftlicher Überlegungen*
- IX. *ironische Überprüfung der Wirtschaftlichkeit von Stadion und Kindername*

C. *Beantwortung der weiterführenden Aufgabe*
- I. *Sprachliche Mittel, mit denen der Autor seine Position verdeutlicht*
  - 1. *Ironie*
  - 2. *Rhetorische Frage*
  - 3. *Wortspiel*
  - 4. *Übertreibung*
- II. *Persönliche Stellungnahme*
  - 1. *Pro: Kinder und Stadien sollen nicht zu Werbeflächen werden*
    - 1.1 *Würde des Kindes steht an erster Stelle*
    - 1.2. *Stadien tauschen Tradition gegen Geld*
    - 1.3 *Konzerne bestimmen die Identität des Kindes, die Entwicklung des Vereins*

10 a) *zum Beispiel:*
Der Artikel „Der geborene Werbeträger" von Ulrich Stock aus der Wochenzeitung „DIE ZEIT" vom 16. 08. 2001 kommentiert den Verkauf von Kindernamen und Fußballstadien als Werbeflächen kritisch. Stock weist nach, dass in den Überlegungen von Verkäufern und Käufern ausschließlich wirtschaftliche Interessen eine Rolle spielen, während etwa das Wohl des Kindes oder die Kultur eines Fußballklubs vernachlässigt werden.

b) *zum Beispiel:*
Der Autor kündigt bereits im Vorspann an, dass er gegen den Verkauf von Kindernamen und Fußballstadien als Werbeflächen einen Widerspruch einlegen wird.
Das führt er dann zunächst am Beispiel der Eheleute Black aus Mount Kisco bei New York aus, die für 500.000 Dollar den Namen ihres neugeborenen Kindes im Internet feilbieten. Die Blacks hoffen, damit die wirtschaftliche Zukunft ihres Kindes zu sichern, über den womöglich lebenslangen Nachteil, den ihr Kind durch einen lächerlichen Namen wie Mars oder Coke hat, machen sie sich hingegen nach Ansicht des Autors keine Gedanken. Der Autor schließt aus diesem Beispiel, dass die weltweit operierenden Konzerne die Identität als Werbefläche erobern. Allerdings haben auch die Eltern diese Finanzierungsmöglichkeit für sich entdeckt. Einer Erhebung entnimmt der Autor, das annähernd 50% der Eltern bereit sind, den Namen ihres Kindes entweder zu verkaufen oder über einen Verkauf zumindest nachzudenken. In Bezug auf die Konzerne vermutet der Autor, dass sich in ihren Überlegungen alles ausschließlich um den wirtschaftlicher Gewinn dreht, dass sie also verantwortungslos sind.
Stock führt dann ein zweites Beispiel an: Der Name des Hamburger Volksstadions ist für fünf Jahre und 30 Millionen Mark an den Internetriesen AOL verkauft worden. Die Reaktionen darauf sind sehr unterschiedlich. Während der Vereinsvorstand sich über den Geldsegen freut, reagieren viele Fans irritiert und erkennen darin einen Ausverkauf traditioneller und kultureller Werte. Der Autor führt diesbezüglich mehrere spöttische Zitate von enttäuschten Fußballfans an und treibt das Ganze damit auf die Spitze, dass er Managerüberlegungen aufgreift, die die Bundesliga in Coca-Cola-Liga umbenennen wollen, wenn nur der Preis dafür stimmt.
Als ironischen Abschluss und Höhepunkt seines Widerspruchs versetzt sich Storck in die Lage eines Konzernmanagers und überlegt, ob man nun besser in einen Fußballklub oder einen Kindernamen investieren solle.

c) *zum Beispiel:*
Der Autor unterstreicht seine kritische Position mit unterschiedlichen sprachlichen Mitteln. Vorherrschend im gesamten Artikel ist das Stilmittel der Ironie. Wenn er etwa fragt „Wie viele Kontakte bringt ein Markenvorname über die Jahre? Rechnet sich das?" (Z. 35 f.), dann ist diese Überlegung nicht ernst gemeint. Der Autor ist vielmehr der Meinung, dass hier eine absurde und kritikwürdige Gleichsetzung zwischen dem Wohl eines Kindes und wirtschaftlichen Interessen stattfindet. In dieselbe Richtung zielt auch das folgende Wortspiel: „Ob sich heute oder morgen ein Konzern findet, scheint weniger eine Frage des Gewissens als der gewissenhaften Kalkulation" (Z. 33 ff.). Das Gewissen arbeitet also nur noch im Dienst finanzieller Planungen. Die genannten Überlegungen gipfeln schließlich in der provokanten Aussage: „Nur ein gesundes Kind ist als Werbefläche interessant" (Z. 42 f.). Damit fordert der Autor seine Leser indirekt zur Opposition gegen die unmoralische Firmeninteressen auf. Neben diesen Stilmitteln verwendet Stock in Zeile 20 auch eine rhetorische Frage: „Ein Scherz das alles?" (Z. 20). Er spricht damit seine Leser direkt an, fordert sie zum Mitdenkern heraus und verleiht seiner Aussage mehr Gewicht. Übertreibungen wie „wunderwunderschön" (Z. 16) oder die zitierte Aktion des Abenblatt-Lesers J. R. Preuß (Z. 64–68) sind weitere sprachliche Pointen, mit denen Stock die Absichten der Blacks bzw. des Vereinsvorstands ins Lächerliche zieht. Auffällig ist zudem die Verwendung zahlreicher Vokabeln aus dem Bereich der Wirtschaft: „Kalkulation" (Z. 35), „Businesspläne (Z. 39), „Werbefläche" (Z. 42), „Deal" (Z. 69). Der Autor verdeutlich damit die Dominanz wirtschaftlicher Interessen in allen Lebensbereichen.
Ulrich Stock vertritt in seinem Beitrag zunächst die Position, dass es unsittlich ist, einen Kindernamen an eine Firma zu verkaufen. Dieser Meinung kann ich völlig zustimmen, da das Kind, ohne gefragt zu werden, als Werbeträger missbraucht wird. Außerdem können die Nachteile,

die das Kind durch einen lächerlichen Namen hat, beträchtlich sein. Hänseleien in der Schule sind dafür nur ein Beispiel. Insgesamt kritisiere ich mit Stock, dass das Wohl des Kindes hinter den finanziellen Interessen seiner Eltern zurücksteht und dass ein Kind zum Gegenstand gewissenloser Kalkulationen von Konzernen wird.
Stock kritisiert zudem den Verkauf eines Stadionnamens an einen Internetriesen. Auch dieser Kritik kann ich mich in weiten Teilen anschließen. Zwar erscheint dieses Beispiel auf den ersten Blick weniger schwerwiegend als der Verkauf eines Kindernamens und es ist auch nicht von der Hand zu weisen, dass ein Bundesligaverein ohnehin bereits ein Wirtschaftsfaktor ist, aber auch hier verfolgen Vorstandsvorsitzende und Konzerne ihre Interessen ohne Rücksicht auf die Menschen. Die Enttäuschung der Fans jedenfalls, die statt einer AOL-Arena lieber ein Uwe-Seeler-Stadion gehabt hätten, kann ich gut nachvollziehen. Den HSV verbindet nichts mit AOL, Uwe Seeler dagegen steht für Tradition und die Kultur eines Sports, er ist ein Sympathieträger, mit dem man sich identifizieren kann.
Geld sollte meiner Ansicht nach nicht alles regieren, es gibt Werte, die wichtiger sind.

Seite 15

1 b) *zum Beispiel:*
Die Geschichte handelt von einem Liebespaar. Der Mann stirbt kurz vor der Hochzeit bei einem Grubenunglück und wird viele Jahre später äußerlich unversehrt geborgen. Die Liebe der Frau zu ihrem Mann ist unverändert stark.

c) *zum Beispiel:*
Die Markierungen bedeuten:
_| ‾ = *Ende bzw. Anfang eines Handlungsabschnittes*
___ = *wichtige Textstelle*
------ = *sprachlich-stilistische Besonderheit*

In Falun in Schweden küsste vor guten fünfzig Jahren und mehr ein junger Bergmann seine junge hübsche Braut und sagte zu ihr: „Auf Sankt Luciä wird uns unsere Liebe von des Priesters Hand gesegnet. Dann sind wir Mann und Weib und bauen uns ein eigenes Nestlein.“ – „Und Friede und Liebe soll darin wohnen“, sagte die schöne Braut mit holdem Lächeln, „denn du bist mein Einziges und Alles und ohne dich möchte ich lieber im Grab sein als an einem anderen Ort.“ Als sie aber vor St. Luciä der Pfarrer zum zweiten Mal in der Kirche ausgerufen hatte: „So nun jemand Hindernis wüsste anzuzeigen, warum diese Personen nicht möchten ehelich zusammenkommen“, da meldete sich der Tod. Denn als der Jüngling den andern Morgen in seiner schwarzen Bergmannskleidung an ihrem Haus vorbeiging, der Bergmann hat sein Totenkleid immer an, da klopfte er zwar noch einmal an ihrem Fenster und sagte ihr guten Morgen, aber keinen Abend mehr. Er kam nimmer aus dem Bergwerk zurück und sie säumte vergeblich selbigen Morgen ein schwarzes Halstuch mit rotem Rand für ihn zum Hochzeitstag, sondern als er nimmer kam, legte sie es weg und weinte um ihn und vergaß ihn nie. _|‾ Unterdessen wurde die Stadt Lissabon in Portugal durch ein Erbeben zerstört und der Siebenjährige Krieg ging vorüber und Kaiser Franz der Erste starb und der Jesuitenorden wurde aufgehoben und Polen geteilt und die Kaiserin Maria Theresia starb und der Struensee wurde hingerichtet, Amerika wurde frei und die vereinigte französische und spanische Macht konnte Gibraltar nicht erobern, die Türken schlossen den General Stein in der Veteraner Höhle in Ungarn ein und der Kaiser Joseph starb auch. Der König Gustav von Schweden eroberte russisch Finnland und die Französische Revolution und der lange Krieg fingen an und der Kaiser Leopold der Zweite ging auch ins Grab. Napoleon eroberte Preußen und die Engländer bombardierten Kopenhagen und die Ackerleute säeten und schnitten. Der Müller mahlte und die Schmiede hämmerten und die Bergleute gruben nach Metalladern in ihrer unterirdischen Werkstatt. _|‾ Als aber die Bergleute in Falun im Jahr 1809 etwas vor oder nach Johannis zwischen zwei Schachten eine Öffnung durchgraben wollten, gute dreihundert Ellen tief unter dem Boden, gruben sie aus dem Schutt und Vitriolwasser den Leichnam eines Jünglings heraus, der ganz mit Eisenvitriol durchdrungen, sonst aber unverwest und unverändert war; also dass man seine Gesichtszüge und sein Alter noch völlig erkennen konnte, als wenn er erst vor einer Stunde gestorben oder ein wenig eingeschlafen wäre an der Arbeit. Als man ihn aber zu Tag ausgefördert hatte, Vater und Mutter, Befreundete und Bekannte waren schon lange tot, kein Mensch wollte den schlafenden Jüngling kennen oder etwas von seinem Unglück wissen, bis die ehemalige Verlobte des Bergmanns kam, der eines Tages auf die Schicht gegangen war und nimmer zurückkehrte. Grau und zusammengeschrumpft kam sie an einer Krücke an den Platz und erkannte ihren Bräutigam; und mehr mit freudigem Entzücken als mit Schmerz sank sie auf die geliebte Leiche nieder, und erst als sie sich von einer langen heftigen Bewegung des Gemüts erholt hatte, „es ist mein Verlobter“, sagte sie endlich, „um den ich fünfzig Jahre lang getrauert hatte und den mich Gott noch einmal sehen lässt vor meinem Ende. Acht Tage vor der Hochzeit ist er unter die Erde gegangen und nimmer heraufgekommen.“ Da wurden die Gemüter aller Umstehenden von Wehmut und Tränen ergriffen, als sie sahen die ehemalige Braut jetzt in der Gestalt des hingewelkten, kraftlosen Alters und den Bräutigam noch in seiner jugendlichen Schöne und wie in ihrer Brust nach 50 Jahren die Flamme der jugendlichen Liebe noch einmal erwachte; aber er öffnete den Mund nimmer zum Lächeln oder die Augen zum Wiedererkennen; und wie sie ihn endlich von den Bergleuten in ihr Stüblein tragen ließ, als die Einzige, die ihm angehöre und ein Recht an ihn habe, bis sein Grab gerüstet sei auf dem Kirchhof. Den andern Tag, als das Grab gerüstet war auf dem Kirchhof und ihn die Bergleute holten, schloss sie ein Kästlein auf, legte ihm das schwarzseidene Halstuch mit roten Streifen um und begleitete ihn alsdann in ihrem Sonntagsgewand, als wenn es ihr Hochzeitstag und nicht der Tag seiner Beerdigung wäre. Denn als man ihn auf dem Kirchhof ins Grab legte, sagte sie: „Schlafe nun wohl noch einen Tag oder zehn im kühlen Hochzeitsbett und lass dir die Zeit nicht lange werden. Ich habe nur noch wenig zu tun und komme bald und bald wird's wieder Tag. – Was die Erde einmal wiedergegeben hat, wird sie zum zweiten Mal auch nicht behalten“, sagte sie, als sie fortging und sich noch einmal umschaute.

Seite 16

2 *zum Beispiel:*
- ☐ *Die Geschichte spielt in der schwedischen Stadt Falun, in der Bergbau betrieben wird.*
- ☐ *Der Bergmann kommt acht Tage vor seiner Hochzeit, am 13. Dezember, ums Leben.*
- ☐ *50 Jahre sind zwischen dem Tod des Bergmanns und seiner Wiederauffindung verstrichen. Die alte Frau sagt, dass sie um ihren Verlobten „fünfzig Jahre lang getrauert hatte" (Z. 59 f.), und an anderer Stelle, dass „nach 50 Jahren die Flamme der jugendlichen Liebe noch einmal erwachte" (Z. 67 ff.).*
- ☐ *Die alte Frau hat ihren Geliebten nicht vergessen und erkennt ihn sofort wieder (vgl. Z. 55 ff.). Außerdem wirkt der Kontrast zwischen der alten Frau und dem jugendlichen Leichnam bewegend auf die Menschen (vgl. Z. 65 ff.).*

3
- ✗ *Die beiden Hauptfiguren tragen in der Geschichte keinen Namen.*
- ▪ *Als der Bergmann tödlich verunglückt, trägt er das Halstuch, das seine Braut für ihn genäht hat.*
- ✗ *Der Todestag des Bräutigams und das Wiederausgraben seiner Leiche werden an zwei besonderen Tagen des Jahres festgemacht.*
- ▪ *Als der Bergmann gefunden wird und seine einstige Braut ihn sieht, bricht sie vor Schmerzen und Trauer zusammen.*
- ✗ *Während der Bergmann unversehrt und in seiner jugendlichen Schönheit aufgefunden wird, ist seine ehemalige Braut stark gealtert.*
- ✗ *Obwohl die Frau ihren Geliebten bereits vor über 50 Jahren verloren hat, liebt sie ihn noch.*
- ✗ *Im Mittelteil der Geschichte geht es nicht um den Bergmann und seine Braut.*

Seite 17

4 a) *Fasse nach einer informierenden Einleitung den Inhalt des Textes „Unverhofftes Wiedersehen" von Johann Peter Hebel zusammen und erläutere den Aufbau des Textes. Zeige dann, wie du den Text verstehst, indem du vor allem auf die Bedeutung des Schlusses eingehst. Vergiss nicht, Textbelege anzuführen.*

b)
- ▪ *Ich soll darstellen, in welcher Situation sich die Hauptfiguren befinden.*
- ✗ *Ich soll den Aufbau der Geschichte herausarbeiten.*
- ✗ *Ich soll die Geschichte deuten und meine Aussagen mit geeigneten Zitaten belegen.*
- ✗ *Ich soll eine kurze Inhaltsangabe im Präsens verfassen.*
- ▪ *Ich soll an dem Text die Merkmale einer Kalendergeschichte nachweisen.*
- ✗ *Ich soll die Aufgabe so bearbeiten, dass ein zusammenhängender Aufsatz entsteht.*
- ✗ *Ich soll stilistische Auffälligkeiten (z. B. Satzbau, Wortwahl) ganz vernachlässigen.*
- ▪ *Ich soll auf zwei zentrale Motive in dieser Kalendergeschichte eingehen.*

5 *Autor: Johann Peter Hebel*
Titel: „Unverhofftes Wiedersehen"
Textsorte: Kalendergeschichte
Erscheinungsjahr: 1811
Kernaussage: Wahre Liebe überdauert jede Zeit.

Seite 18

6 a) *zum Beispiel:*
1. Handlungsabschnitt (Z. 1–22): Kurz vor der geplanten Hochzeit stirbt der Mann bei einem Grubenunglück.
2. Handlungsabschnitt (Z. 22–39): 50 Jahre vergehen, der Erzähler berichtet, welche weltgeschichtlichen Ereignisse inzwischen geschehen.
3. Handlungsabschnitt (Z. 39–Ende): Der Leichnam wird konserviert geborgen, seine ehemalige Verlobte erkennt ihn sofort wieder, sie liebt ihn immer noch und begeht die Beerdigung wie eine Hochzeit.

b) *Im mittleren Teil des Textes liegen ein parataktischer Satzbau und zeitraffendes Erzählen vor. Der Erzähler beschleunigt die Handlung mit Hilfe dieser beiden Gestaltungsmittel. Die „großen" historischen Ereignisse erscheinen so von untergeordneter Bedeutung.*

Seite 19

7 a) *zu unterstreichen sind die folgenden Textstellen:*
- ☐ *Er kam nimmer aus dem Bergwerk zurück und sie säumte vergeblich selbigen Morgen ein schwarzes Halstuch mit rotem Rand für ihn zum Hochzeitstag, sondern als er nimmer kam, legte sie es weg und weinte um ihn und vergaß ihn nie.*
- ☐ *Den andern Tag, als das Grab gerüstet war auf dem Kirchhof und ihn die Bergleute holten, schloss sie ein Kästlein auf, legte ihm das schwarzseidene Halstuch mit roten Streifen um und begleitete ihn alsdann in ihrem Sonntagsgewand, als wenn es ihr Hochzeitstag und nicht der Tag seiner Beerdigung wäre.*

b) *zu unterstreichen ist die folgende Textstelle:*
Das Halstuch symbolisiert die Liebe zwischen der Frau und dem Mann. Die Farbe Rot steht für die Liebe, Schwarz symbolisiert den frühen Tod des Bergmanns.

8 a) *Den andern Tag, als das Grab gerüstet war auf dem Kirchhof und ihn die Bergleute holten, schloss sie ein Kästlein auf, legte ihm das schwarzseidene Halstuch mit roten Streifen um und begleitete ihn alsdann in ihrem Sonntagsgewand, als wenn es ihr Hochzeitstag und nicht der Tag seiner Beerdigung wäre. Denn als man ihn auf dem Kirchhof ins Grab legte, sagte sie: „Schlafe nun wohl, noch einen Tag oder zehn im kühlen Hochzeitsbett, und lass dir die Zeit nicht lange werden. Ich habe nur noch wenig zu tun und komme bald und bald wird's wieder Tag. – Was die Erde einmal wiedergegeben hat, wird sie zum zweiten Mal auch nicht behalten", sagte sie, als sie fortging und noch einmal umschaute.*

b)

Textbeispiele	***Deutungsansätze***
„legte ihm das schwarzseidene Halstuch mit roten Streifen um" (Z. 76 f.)	*Symbol ihrer Liebe, gemacht zum Hochzeitstag; Beerdigung gleich Hochzeitstag*
„begleitete ihn alsdann in ihrem Sonntagsgewand" (Z. 77 f.)	*festliche Kleidung; Brautkleid*
„als wenn es ihr Hochzeitstag und nicht der Tag seiner Beerdigung wäre" (Z. 78 f.)	*nicht Trauertag, sondern glücklicher Tag*
„Schlafe nun wohl" (Z. 80 f.)	*direkte Ansprache, als sei er noch am Leben*
„im kühlen Hochzeitsbett" (Z. 81 f.)	*Grab gleich Hochzeitsbett*
„Ich habe nur noch wenig zu tun und komme bald" (Z. 82 f.)	*ihr Tod ist nahe; sie kommt nach*
„bald wird's wieder Tag" (Z. 83 f.)	*sie finden im Tod wieder zusammen*

Seite 20

9 *Die Frau verwendet das Präsens, denn sie betrachtet sich auch nach 50 Jahren noch immer als seine Braut.*

10 *Die Frau ist offenbar sehr gläubig. Sie gibt daher ihrer Gewissheit Ausdruck, dass ihr Verlobter und sie sich bald im Paradies wiedersehen.*

11

Was bestehen bleibt	***Was vergänglich ist***
„wie in ihrer Brust nach 50 Jahren die Flamme der Liebe noch einmal erwachte" (Z. 67 ff.)	*Kriege, Revolutionen, Naturkatastrophen (vgl. Z. 22 ff.)*

Seite 21

12 *zum Beispiel:*

A. Einleitung
Kalendergeschichte „Unverhofftes Wiedersehen" von Johann Peter Hebel aus dem Jahr 1811; ein Mann stirbt kurz vor seiner Hochzeit bei einem Grubenunglück, wird 50 Jahre später konserviert geborgen, die Liebe seiner Frau hat die Zeit überdauert

B. Textzusammenfassung
I. kurze und sachliche Darstellung des Textinhalts
1. *Junges Paar aus Schweden will heiraten*
2. *Acht Tage vor Hochzeit stirbt Mann bei Grubenunglück*
3. *Hochzeitsgeschenk, schwarzes Halstuch mit rotem Saum, weggelegt*
4. *50 Jahre vergehen; Kriege, Herrscher kommen und gehen*
5. *Mann konserviert gefunden; von alter Frau sofort wiedererkannt*
6. *Beerdigung als Hochzeit begangen; Halstuch umgebunden; Wiedersehen im Paradies*

II. Darstellung des Textaufbaus
1. *Zeit vor der Hochzeit, Todesfall, Trauer*
2. *50 Jahre vergehen, Darstellung der Historie im Zeitraffer*
3. *Mann gefunden; symbolische Hochzeit*

C. Beantwortung der weiterführenden Aufgabe
I. Deutung des Textes unter besonderer Berücksichtigung des Schlusses
1. *Zeit überdauernde Liebe; Symbol „Halstuch"*
2. *Liebe wichtiger als historische Ereignisse*

13 a) *zum Beispiel:*
In der Kalendergeschichte „Unverhofftes Wiedersehen" von Johann Peter Hebel aus dem Jahr 1811 wird von einem Liebespaar erzählt, das kurz vor der Hochzeit durch den Tod des Mannes getrennt wird. Der Text zeigt, dass die Liebe zwischen zwei Menschen die Zeit überdauern kann.

b) *zum Beispiel:*
Der Inhalt der Geschichte lässt sich in wenigen Sätzen zusammenfassen: Ein junger Bergmann aus Falun und seine Braut planen ihre Hochzeit. Acht Tage vor dem Fest stirbt der Mann bei einem Grubenunglück, wird aber nie gefunden. 50 Jahre vergehen, in denen zahlreiche Ereignisse die Welt erschüttern. Schließlich wird der Mann, äußerlich unversehrt, geborgen. Die Frau liebt ihn noch immer und begeht den Tag der Beerdigung als symbolische Hochzeit.

c) zum Beispiel:
Die Geschichte gliedert sich in drei Teile: Im ersten Teil (Z. 1–22) und im dritten Teil (Z. 39– Ende) geht es um die Liebesgeschichte zwischen dem Bergmann und seiner Braut. Im Mittelteil (Z. 22–39) werden 50 Jahre Weltgeschichte dargestellt, wobei die beiden Hauptfiguren nicht erwähnt werden. Während die Liebesgeschichte im ersten und dritten Teil genau erläutert wird, werden die geschichtlichen Ereignisse ohne weitere Erläuterung aneinandergereiht. Der Erzähler unterstreicht seine zeitraffende Darstellung durch einen parataktischen Satzbau. Damit wird aufgezeigt, dass im Vergleich zu der großen Liebe zwischen dem Bergmann und seiner Braut die geschichtlichen Ereignisse nur eine untergeordnete Rolle spielen.

d) zum Beispiel:
Hebel weist mit dieser Geschichte auf eine zeitüberdauernde Liebe und Treue zwischen zwei Menschen hin. Selbst der Tod kann die Liebe nicht zerstören, denn als die Frau nach 50 Jahren die Leiche ihres Bräutigams sieht und sagt „es ist mein Verlobter" (Z. 59), spricht sie im Präsens. Dies zeigt, dass sie den Mann immer noch als ihren Verlobten ansieht und sich selbst als seine Braut. Sie hat ihn also nicht vergessen und liebt ihn auch nach 50 Jahren noch. Eine wichtige Rolle spielt auch das Halstuch: Die Frau bewahrt es die ganze Zeit über in einem „Kästlein" (Z. 76) auf und legt es ihrem Bräutigam am Tag der Beerdigung an (vgl. Z. 76 f.). Das Halstuch symbolisiert die Liebe zwischen der Frau und dem Mann. Die Farbe Rot steht für die Liebe, Schwarz symbolisiert den frühen Tod des Bergmanns. Am Schluss der Geschichte begräbt die Frau ihren Bräutigam, „als wenn es ihr Hochzeitstag und nicht der Tag der Beerdigung wäre" (Z. 18 f.). Daher legt sie ihm „das schwarzseidene Halstuch mit roten Streifen um" (Z. 76 f.), das Symbol ihrer Liebe, das sie ihm ursprünglich zum Hochzeitstag schenken wollte. Da sie den Tag nicht als Trauertag begreift, „begleitete [sie] ihn alsdann in ihrem Sonntagsgewand" (Z. 77 f.). Sie spricht den Toten an, als sei er noch am Leben: „Schlafe nun wohl [...]" (Z. 80 f.). Das Grab ist für die Frau ein „kühle[s] Hochzeitsbett" (Z. 81 f.). Indem sie sagt, sie habe nur noch wenig zu tun und komme bald (vgl. Z. 82 f.), kündigt sie an, auch bald zu sterben. Der Tag ihres Todes ist für sie der Tag, an dem sie ihren Verlobten im Paradies wiedertrifft (vgl. Z. 83 f.).
Der Text zeigt auf, dass die Liebe zwischen zwei Menschen unvergänglich sein kann. Vermeintlich große Ereignisse der Weltgeschichte wie Kriege, Revolutionen oder Naturkatastrophen (vgl. Z. 22 ff.) sind im Vergleich dazu von untergeordneter Bedeutung.

Seite 22

1 a) Verfasse zur Kurzgeschichte „Neapel sehen" von Kurt Marti eine Inhaltsangabe einschließlich einer Einleitung, die auch den Kernsatz enthält. Arbeite dann heraus, wie das Verhältnis der Hauptfigur gegenüber der Fabrik gestaltet wird. Berücksichtige hierbei den Aufbau des Textes und seine sprachlich-stilistische Gestaltung.

b)
- ☐ nachweisen, dass es sich bei dem Text um eine Kurzgeschichte handelt.
- ☒ den Inhalt des Textes im Präsens zusammenfassend wiedergeben.
- ☒ die Beziehung des Mannes zur Fabrik untersuchen und meine Ergebnisse mit Zitaten belegen.
- ☒ den Aufbau des Textes und die Sprache untersuchen.
- ☐ eine Stellungnahme dazu schreiben, ob arbeiten krank macht.

Seite 23

2 b) zum Beispiel:
Die Geschichte handelt davon, was die Fabrikarbeit für einen alten und kranken Mann bedeutet.

c) Die Markierungen bedeuten:
_|¯ = Ende bzw. Anfang eines Handlungsabschnittes
___ = wichtige Textstelle
------ = sprachlich-stilistische Besonderheit

Er hatte eine Bretterwand gebaut. Die Bretterwand entfernte die Fabrik aus seinem häuslichen Blickkreis. Er hasste die Fabrik. Er hasste seine Arbeit in der Fabrik. Er hasste die Maschine, an der er arbeitete. Er hasste das Tempo der Maschine, das er selbst beschleunigte. Er hasste die Hetze nach Akkordprämien, durch welche er sich zu einigem Wohlstand, zu Haus und Gärtchen gebracht hatte. Er hasste seine Frau, sooft sie ihm sagte, heut Nacht hast du wieder gezuckt. Er hasste sie, bis sie es nicht mehr erwähnte. Aber die Hände zuckten weiter im Schlaf, zuckten im schnellen Stakkato der Arbeit. Er hasste den Arzt, der ihm sagte, Sie müssen sich schonen, Akkord ist nichts mehr für Sie. Er hasste den Meister, der ihm sagte, ich gebe dir eine andere Arbeit, Akkord ist nichts mehr für dich. Er hasste so viele verlogene Rücksicht, er wollte kein Greis sein, er wollte keinen kleineren Zahltag, denn immer war das die Hinterseite von so viel Rücksicht, ein kleinerer Zahltag. _|¯ Dann wurde er krank, nach vierzig Jahren Arbeit und Hass zum ersten Mal krank. Er lag im Bett und blickte zum Fenster hinaus. Er sah sein Gärtchen. Er sah den Abschluss des Gärtchens, die Bretterwand. Weiter sah er nicht. Die Fabrik sah er nicht, nur den Frühling im Gärtchen und eine Wand aus gebeizten Brettern. Bald kannst du wieder hinaus, sagte die Frau, es steht alles in Blust. Er glaubte ihr nicht. Geduld, nur Geduld, sagte der Arzt, das kommt schon wieder. Er glaubte ihm nicht. Es ist ein Elend, sagte er nach drei Wochen zu seiner Frau, ich sehe immer das Gärtchen, sonst nichts, nur das Gärtchen, das ist mir zu langweilig, immer dasselbe Gärtchen, nehmt doch einmal zwei Bretter aus der verdammten Wand, damit ich was anderes sehe. Die Frau erschrak. Sie lief zum Nachbarn. Der Nachbar kam und löste zwei Bretter aus der Wand. Der Kranke sah durch die Lücke hindurch, sah einen Teil der Fabrik. Nach einer Woche beklagte er sich, ich sehe immer das gleiche Stück Fabrik, das lenkt mich zu wenig ab. Der Nachbar kam und legte die Bretterwand zur Hälfte nieder. Zärtlich ruhte der Blick des Kranken auf seiner Fabrik, verfolgte das Spiel des Rauches über dem Schlot, das Ein und Aus der Autos im Hof, das Ein des Menschenstromes am Morgen, das Aus am Abend. Nach vierzehn Tagen befahl er, die stehen gebliebene Hälfte der Wand zu entfernen. Ich sehe unsere Büros nie und auch die Kantine nicht, beklagte er sich. Der Nachbar kam und tat, wie er wünschte. Als er die Büros sah, die Kantine und so das gesamte Fabrikareal, entspannte ein Lächeln die Züge des Kranken. Er starb nach einigen Tagen.

3 *zum Beispiel:*
- ☐ *Der Mann hat die Bretterwand gebaut, um sich von seiner täglichen, gehassten Arbeit zu distanzieren. Er will die Fabrik nicht sehen.*
- ☐ *Er hat 40 Jahre in der Fabrik gearbeitet.*
- ☐ *Der Mann kann nicht ohne die verhasste Fabrik leben und möchte sie von seinem Krankenbett aus sehen.*
- ☐ *Der Mann stirbt einige Wochen nach Beginn seiner Krankheit. Kurz vor seinem Tod scheint er glücklich zu sein.*
- ☐ *Der Titel ist eine ironische Anspielung darauf, dass der Mann ohne seine gehasste Arbeit in der Fabrik nicht leben kann. Am Ende braucht er den Anblick der Fabrik auch, um zu sterben.*

4 *a) und b) zum Beispiel:*

Verhältnis „Mann – Fabrik"

Teil 1 (Z. 1–18): Darstellung der Fabrik	***Teil 2 (Z. 18–47): Darstellung der Fabrik***
☐ *Aufbau der Bretterwand, um die Fabrik nicht mehr zu sehen* ☐ *Hass auf die Fabrik* ☐ *Hass auf die Arbeit in der Fabrik* ☐ *Hass auf die anderen Menschen in der Fabrik*	☐ *Abbau der Bretterwand, um durch die Fabrik abgelenkt zu werden* ☐ *detaillierte Beschreibung der Fabrik: Rauch, Autos, Menschen, Kantine, Büros* ☐ *Sehnsucht nach der Fabrik* ☐ *Fabrik als Quelle der Entspannung und Erlösung*
Teil 1 (Z. 1–18): sprachlich-stilistische Gestaltung	***Teil 2 (Z. 18–47): sprachlich-stilistische Gestaltung***
☐ *„die Fabrik" (Z. 2) = unpersönlich* ☐ *Wortwahl: nur negative Verben, ständige Wiederholung von „hassen" (vgl. Z. 3, 4, 5, 8)* ☐ *Satzbau: Parataxen (vgl. Z. 1–3) unterstreichen die Akkordarbeit; Anaphern: „Er hasste ..." (Z. 2 f., Z. 3, Z. 3 f., ...) unterstreichen die Intensität des Hasses*	☐ *„seine Fabrik" (Z. 38) = Identifikation wird durch Possessivpronomen erkennbar* ☐ *Wortwahl: neutraler, dann positiv: „zärtlich" (Z. 37), „entspannte ein Lächeln die Züge des Kranken" (Z. 45 f.);* ☐ *Wiederholung des Wortes „glauben" (Z. 25, 26): veränderte innere Haltung des Mannes; – Wiederholung von „immer dasselbe" (Z. 29), „immer das gleiche Stück Fabrik" (Z. 35): veränderte innere Haltung des Mannes vom Hass hin zur Sehnsucht* ☐ *Satzbau: Wiederholungen: „Er glaubte ihr/ihm nicht", (Z. 25, 26); Anaphern: „Er sah ..." (Z. 20 f.)*

Seite 25

5 *zum Beispiel:*

A. Einleitung
Kurzgeschichte „Neapel sehen" von Kurt Marti; ein Mann hasst die Fabrikarbeit, kann aber ohne sie auch nicht leben

B. Textzusammenfassung
I. Kurze und sachliche Deutung des Textinhaltes
1. Mann hasst alles, was mit seiner Arbeit zu tun hat
2. In seinem Garten baut er als Sichtschutz eine Bretterwand zwischen sich und der Fabrik
3. Mann wird nach 40 Jahren Akkordarbeit krank
4. Mann langweilt sich; lässt Bretterwand Stück für Stück wieder abreißen
5. Mann ist glücklich, als er seine Fabrik wieder sieht
6. Mann stirbt

C. Beantwortung der weiterführenden Aufgabe
I. Verhältnis Mann zur Fabrik: Aufbau des Textes und sprachlich-stilistische Gestaltung
1. Hass auf Fabrik
a) Anapher: „Er hasste ..."
b) unpersönliche, entfremdete Arbeit: „die Fabrik"
2. Wendepunkt infolge von Krankheit
3. Sehnsucht nach Fabrik
a) freundlichere Wortwahl
b) Possessivpronomen: „seine Fabrik": Identifikation mit Arbeit

6 *a) zum Beispiel:*
In der Kurzgeschichte „Neapel sehen" von Kurt Marti wird von einem Mann erzählt, der nach 40 Jahren Akkordarbeit in einer Fabrik krank wird und erst beruhigt sterben kann, als er wieder Blickkontakt zu seiner ehemaligen Arbeitsstätte hat.

b) zum Beispiel:
Ein Mann, der bereits seit 40 Jahren in einer Fabrik arbeitet, hat sich in seinem Garten eine Bretterwand gebaut, um die Fabrik in seiner Freizeit nicht sehen zu müssen, denn er hasst seinen Arbeitsplatz. Auch sein Verhältnis zu seinen Mitmenschen ist von Hass geprägt. Als er zum ersten Mal in seinem Leben krank wird und nicht mehr arbeiten gehen kann, beginnt er, seine Fabrik zu vermissen. Deshalb lässt er den Zaun Stück für Stück wieder abreißen, um seine ehemalige Arbeitsstätte wenigstens noch sehen zu können. Erst als er die gesamte Fabrik wieder betrachten kann, ist er glücklich und stirbt zufrieden.

c) *zum Beispiel:*
Die Kurzgeschichte ist in zwei Abschnitte gegliedert. Während im ersten Teil (Z. 1–18) die Beziehung des Mannes zu der Fabrik sehr negativ dargestellt wird, entwickelt dieser im zweiten Teil (Z. 18–47) positive Gefühle im Hinblick auf seine ehemalige Arbeitsstätte.
Auffällig ist, dass im ersten Teil fast alle Sätze mit den Worten „Er hasste" beginnen. Mit dieser Anapher wird betont, wie vielfältig und intensiv der Hass des Mannes ist. Das Verb „hassen" drückt die negative Grundstimmung gegenüber der Fabrik aus. Unterstrichen wird dies durch die einfachen, kurzen Sätze, die die Gleichförmigkeit der Akkordarbeit betonen. Zudem wird die Arbeitsstätte immer nur als „die Fabrik" beschrieben ohne jeglichen Bezug zum Arbeiter.
Der zweite Teil der Kurzgeschichte beginnt, als der Mann krank wird. Dies ist der Wendepunkt der Geschichte, an dem sich das Verhältnis des Mannes zur Fabrik verändert. Diese wird nun als „seine Fabrik" (Z. 38) beschrieben, was die Identifikation des Mannes mit der Fabrik verdeutlicht. Während er zuvor nur Hass für die Fabrik empfunden hat, lässt er die Bretterwand, die sich als ein Symbol der Distanz verstehen lässt, nun abbauen. Nach und nach entwickelt er eine regelrechte Sehnsucht nach der Fabrik. Dies wird durch die Wortwahl verdeutlicht, die stetig neutraler und schließlich sogar ganz positiv wird. So wird der Blick des Kranken auf die Fabrik als „zärtlich" (Z. 37) beschrieben. Zum Schluss blickt er mit einem „Lächeln" (Z. 45) auf den Rauch, die Autos, den Menschenstrom, die Kantine und die Büros – Facetten der zuvor verhassten Fabrik. Das Verhältnis des Mannes zu „seiner Fabrik" hat demnach zwei Seiten und lässt sich als eine Art Hassliebe beschreiben. Auch der ironisch gefärbte Titel „Neapel sehen", hinter dem sich die Redewendung „Neapel sehen und sterben" verbirgt, weist in diese Richtung. Erst als der Mann „seine" Fabrik, seinen Sehnsuchtsort, wiedersieht, kann er beruhigt sterben.

Seite 26

1 a) *Thema 1: Die zunehmende Häufung von Dopingfällen im Sport ruft einerseits Forderungen nach härteren Sanktionen hervor, andererseits werden auch Stimmen laut, die eine generelle Freigabe von Doping fordern. Erörtere, wie mit Doping im Sport umgegangen werden soll.*
Antwort: Thema 1 fordert eine antithetische Erörterung.

Thema 2: Sportliche Großereignisse wie Fußball-WM oder Tour de France begeistern immer wieder viele Zuschauer. Oft wird jedoch die Freude durch das Bekanntwerden von Dopingvergehen getrübt. Zeige die negativen Auswirkungen des Dopings im Sport auf.
Antwort: Thema 2 fordert eine steigernde Erörterung.

b) *zum Beispiel:*
Zu welchen negativen Auswirkungen führen Dopingvergehen im Sport?

Seite 28

3 *zum Beispiel:*
- *Gegen das Doping spricht, dass sich Sportler großen gesundheitlichen Risiken aussetzen. Wie der Fall des Radprofis Tom Simpson zeigt, kann die Einnahme verbotener Mittel sogar zum Tod führen.*
- *Gegen das Doping spricht, dass die gedopten Sportler sich einen unfairen Wettbewerbsvorteil gegenüber ihren nicht gedopten Konkurrenten verschaffen. So erhöht zum Beispiel das verbotene Hormon EPO die Sauerstoffaufnahme des Blutes und damit die Leistungsfähigkeit.*

Seite 29

4 *Vergleiche Lösung zu Aufgabe 7. (s. S. 15)*

Seite 30

5 *zum Beispiel:*
Oberbegriff: Durch Doping wird übertriebenes Leistungsdenken gefördert.

6

Punkte aus der Stoffsammlung	*Oberbegriffe*	*Unterpunkte*
Die Dopingmittel schädigen die Gesundheit der Sportler.	X	
Durch Doping kann es sogar zu Todesfällen kommen.		X
Ehrliche Sportler und ärmere Nationen werden benachteiligt.		X
Die Dopingmittel haben gefährliche Nebenwirkungen.		X
Die Chancengleichheit im Sport geht durch Doping verloren.	X	

7 *zum Beispiel:*
Oberbegriff: Dopingsünder begehen Verrat an ihrem Publikum.
Unterpunkte:
- *Das Publikum hat ein Bedürfnis nach Vorbildern.*
- *Das enttäuschte Publikum wendet sich vom Sport ab.*
- *Der Vergötterung von Idolen steht die Verteufelung von Dopingsündern gegenüber.*

Oberbegriff: Durch Doping wird eine übertriebenes Leistungsdenken gefördert.
Unterpunkte:
- *Es gibt eine übertriebene Jagd nach Rekorden.*
- *Jede unehrlich erreichte Leistung erhöht den Druck auf die anderen Sportler.*
- *Die Zuschauer erwarten unmenschliche Höchstleistungen von den Sportlern.*

Oberbegriff: Doping schädigt die Gesundheit der Sportler.
Unterpunkte:
- ☐ *Die gefährlichen Nebenwirkungen des Dopings werden in Kauf genommen.*
- ☐ *Es kommt zu Todesfällen durch Doping.*
- ☐ *In einigen Ländern und Sportarten wird systematisch gedopt.*

Obergriff: Die Chancengleichheit im Sport geht durch Doping verloren.
Unterpunkte:
- ☐ *Die Betrüger gewinnen die Wettkämpfe.*
- ☐ *Ehrliche Sportler befinden sich im Nachteil.*
- ☐ *Ausrüstung und finanzielle Ausstattung entscheiden über den Sieg.*
- ☐ *Die Idee eines fairen Sports geht verloren.*

Seite 31

8 *zum Beispiel:*
1. Dopingsünder begehen Verrat an ihrem Publikum.
2. Durch Doping wird ein übertriebenes Leistungsdenken gefördert.
3. Doping schädigt die Gesundheit der Sportler.
4. Die Chancengleichheit im Sport geht durch Doping verloren.

9 *a) Nominalstil: Erwartung unmenschlicher Höchstleistungen seitens der Zuschauer*
Nominalstil: Entstehung eines Dopingzwangs auf Grund des Leistungsdrucks

b) zum Beispiel:
B. Hauptteil zum Thema „Negative Auswirkungen des Dopings im Sport"
I. Verrat am Publikum
1. Ausnutzen des Bedürfnisses nach Vorbildern
2. Enttäuschung und Abwendung vom Sport insgesamt
II. Begünstigung eines übertriebenen Leistungsdenkens
1. Erwartung unmenschlicher Leistungen
2. Teufelskreis immer höherer Erwartungen durch immer neue Höchstleistungen
III. Schädigung der Gesundheit
1. Extreme Auswüchse bis hin zu Todesfällen
2. Systematisches Doping in einigen Ländern und Sportarten
IV. Verlust der Chancengleichheit
1. Benachteiligung ärmerer bzw. ehrlicher Sportler und Nationen
2. Pervertierung der Idee eines fairen Sports

Seite 32

10 *a)*

Textausschnitt	***Bausteine der Argumentation***
Noch schwerwiegender ist jedoch, dass die zunehmende Verbreitung von Doping im Sport letztlich einen Verlust der Chancengleichheit mit sich bringt.	*Behauptung*
Eine wichtige Rolle spielt hierbei, dass die Dopingmittel oder auch die besondere Ausrüstung, die dem Sportler Vorteile gegenüber seinen Konkurrenten verschaffen, sehr viel kosten.	*Begründung*
So sind beispielsweise bei Spitzen-Radsportlern jährliche Ausgaben für Dopingsubstanzen und Bluttransfusionen von über 40.000 Euro bezeugt.	*Beispiel 1*
Als ein weiteres Beispiel lässt sich der Schwimmsport heranziehen, wo reiche Nationen es sich leisten können, ihren Sportlern teure Schwimmanzüge auf den Leib schneidern zu lassen – eine Art von High-Tech-Doping.	*Beispiel 2*
Dies zeigt, dass ehrliche Sportler, die nicht dopen, oder ärmere Nationen, die nicht die Geldmittel für diese Dopingmittel haben, stark benachteiligt werden und weniger Chancen haben zu gewinnen.	*Bezug*

b) zum Beispiel: 40.000 Euro für Bluttransfusionen und Dopingsubstanzen? Bei Spitzen-Radsportlern sind solche Jahresausgaben durchaus belegt. Durch dieses Beispiel wird deutlich, dass die zunehmende Verbreitung von Doping im Sport letztlich einen Verlust der Chancengleichheit mit sich bringt. Dies belegt auch die Entwicklung im Schwimmsport, wo reiche Nationen es sich leisten können, ihren Sportlern teure Schwimmanzüge auf den Leib schneidern zu lassen, was eine Art von High-Tech-Doping darstellt. Somit wird insgesamt klar, dass ehrliche Sportler, die nicht dopen, oder ärmere Nationen, die nicht die Geldmittel für diese Dopingmittel haben, stark benachteiligt werden und weniger Chancen haben zu gewinnen.

Seite 33

11 *und* **12** *zum Beispiel:*
Ein gewichtiges Argument gegen Doping ist die schädliche Auswirkung auf die Gesundheit der Sportler, denn die eingesetzten Mittel bringen oft gefährliche Nebenwirkungen mit sich. Man könnte hier einwenden, dass die Profisportler doch unter der Betreuung von Teamärzten stünden, was die gesundheitlichen Risiken verkleinere. Zu bedenken ist allerdings, dass beispielsweise das weit verbreitete Blutdoping zu so schwerwiegenden Beeinträchtigungen wie Thrombosen und einer Mangeldurchblutung des Herzmuskels führen kann. Dies zeigt, dass die gesundheitlichen Risiken selbst unter ärztlicher Betreuung nicht zu kontrollieren, geschweige denn zu verantworten sind.

Seite 34

13 a) ***Art der Einleitung*** — ***Formulierung in der Gliederung (Nominalstil)***

Art der Einleitung	Formulierung in der Gliederung (Nominalstil)
Definition des Themabegriffs	*Einnahme von unerlaubten Substanzen oder Nutzung von unerlaubten Methoden zur Steigerung der sportlichen Leistung*
historischer Rückblick	*Belege für Einnahme leistungssteigernder Substanzen schon in der Antike*

b) *Verleiche Lösung zu Aufgabe 15.*

14 a) *zum Beispiel:*
Schlussteil 1: Vergleiche Lösung zu Aufgabe 15.
Schlussteil 2: Nach Betrachtung all dieser Punkte stellt sich schließlich die Frage, ob man dem Problem des Dopings im Profisport überhaupt noch Herr werden kann. Das Ausmaß der jüngsten Dopingaffären und die oben deutlich gewordene Verflechtung verschiedener Bereiche lässt einen diese Frage eher verneinen. So wurde verschiedentlich schon die Forderung laut, das Doping im Profisport generell zu erlauben und so die Chancengleichheit wieder herzustellen. Kann das wirklich eine Lösung sein oder wird hier nicht die Idee des Sports an sich verraten? Doch das wäre bereits ein neues Thema ...

b) *Schlussteil 1: Gefahr eines Übergriffs auf andere Bereiche*
Schlussteil 2: Freigabe des Dopings als Ausweg?

15 a) *zum Beispiel:*

Negative Auswirkungen des Dopings im Profisport

Keine Übertragung der Tour de France im öffentlich-rechtlichen Fernsehen? Das wäre zur Blütezeit des Radsports undenkbar gewesen, wurde jedoch im Jahre 2009 zur Realität, nachdem zahlreiche Dopingfälle aufgedeckt worden waren. Zuschauer und Medien wandten sich enttäuscht ab von einer Sportart, die die Ideale des Sports verraten hatte.

Doch nicht nur im Radsport, sondern im modernen Profisport generell wird Doping immer mehr zum Problem, sodass im Folgenden die negativen Auswirkungen des Dopings im Sport genauer beleuchtet werden sollen.

Schon das oben angeführte Beispiel des Radsports zeigt, dass systematisches Doping einen Verrat am Publikum darstellt. Viele Menschen sehnen sich nach Vorbildern und Idolen, und die Profisportler werden so zu modernen Helden stilisiert. In der Tat geben ja die erbrachten Höchstleistungen Anlass zur Bewunderung. Umso größer ist dann allerdings die Enttäuschung, wenn sich herausstellt, dass diese Leistungen unter Zuhilfenahme von unerlaubten Mitteln erbracht wurden. Das Publikum wendet sich enttäuscht ab, was umso schlimmer ist, als oft nicht nur ein vorher gefeierter Sportler fallen gelassen wird, sondern teilweise eine ganze Sportart in Verruf gerät, und dass auf Grund einiger weniger schwarzer Schafe.

Allerdings muss sich auch das Publikum den Vorwurf eines übertriebenen Leistungsdenkens gefallen lassen. Die erbrachten und ständig gesteigerten Höchstleistungen werden als selbstverständlich hingenommen. Die 100 m-Zeiten eines Usain Bolt waren noch vor einigen Jahren utopisch. Im Radsport ist das erzielte Stundenmittel kontinuierlich angestiegen, im Schwimmsport purzeln die Rekorde. Damit ergibt sich ein Teufelskreis aus überzogenen Erwartungen und unehrlich erbrachten Höchstleistungen, bei denen kaum noch feststellbar ist, wo die natürlichen Grenzen des Menschen liegen und wo durch Doping nachgeholfen wurde. Eine ständige Steigerung der Leistungen dürfte nicht mehr als selbstverständlich angesehen werden – doch das Publikum interessiert sich nur für den Besten.

Doch wenn selbst der Beste seinen Erfolg nicht mehr genießen kann? Radsportler sterben im Schlaf, weil ihr Herz das durch EPO verdickte Blut nicht mehr weiterpumpen kann, Sprinter sterben mit 35 Jahren an einem Herzinfarkt, weil ihr zentrales Organ durch Wachstumshormone geschädigt ist. Diese extremen Beispiele machen deutlich, dass die Schädigung der eigenen Gesundheit durch Doping ein sehr gewichtiges Argument darstellt. Man könnte hier einwenden, dass gerade Profisportler doch unter der ständigen Betreuung von Teamärzten stünden. Die jüngsten Fälle haben jedoch leider gezeigt, dass diese Teamärzte oft selber Teil des Dopingsystems sind und nicht die Gesundheit der Sportler, sondern nur deren Erfolge und Vermarktung im Blick haben.

Noch schwerwiegender ist jedoch, dass die zunehmende Verbreitung von Doping im Sport letztlich einen Verlust der Chancengleichheit mit sich bringt. Eine wichtige Rolle spielen hierbei die hohen Kosten für Dopingmittel oder auch für besondere Ausrüstung, die dem Sportler Vorteile gegenüber seinen Konkurrenten verschaffen. So sind beispielsweise bei Spitzen-Radsportlern jährliche Ausgaben für Dopingsubstanzen und Bluttransfusionen von über 40.000 Euro bezeugt. Als ein weiteres Beispiel lässt sich der Schwimmsport heranziehen, wo reiche Nationen es sich leisten können, ihren Sportlern teure Schwimmanzüge auf den Leib schneidern zu lassen – eine Art von High-Tech-Doping. Dies zeigt, dass ehrliche Sportler, die nicht dopen, oder ärmere Nationen, die nicht die Geldmittel für diese Dopingmittel haben, stark benachteiligt werden und weniger Chancen haben zu gewinnen.

Alles in allem wird deutlich, dass Doping im Profisport ein sehr ernstzunehmendes Problem darstellt. Die Selbstverständlichkeit, mit der gedopt wird, lässt befürchten, dass diese Praktiken auch auf den Amateur- und Jugendbereich übergreifen könnten. Erste Anzeichen hierfür gibt es schon, und selbst außerhalb des Sports wird mehr und mehr zu leistungssteigernden Mitteln gegriffen, man denke zum Beispiel an den Markt für lern- und konzentrationsfördernde Mittel, also sozusagen Gehirndoping. Eine Rückbesinnung auf die Idee der Fairness und eine Eindämmung übertriebenen Leistungs- und Konkurrenzdenkens erscheint wohl angebracht. Dann ließe sich auch die Tour de France im Fernsehen wieder genießen.

Seite 35

1 a) *Verlangt wird eine steigernde Erörterung, in der die Vorteile eines Praktikums in der 9. Klasse herausgestellt werden.*

b) *Welche Vorteile bietet es mir, wenn ich in der 9. Klasse ein Praktikum mache?*

2 *und* **3** *a) und b) zum Beispiel:*

Stoffordnung in Form einer Mind-Map:

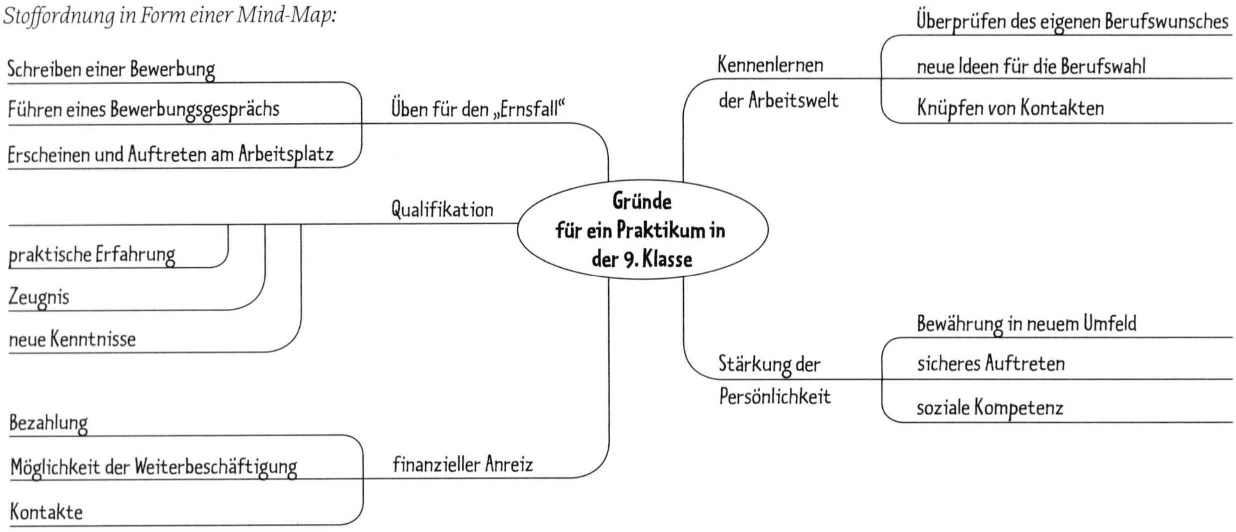

Seite 36

4 *zum Beispiel:*

A. Praktika oft als Voraussetzung für eine Einstellung
B. Vorteile eines Praktikums in der 9. Klasse
  I. Stärkung der Persönlichkeit
    1. Steigerung des Selbstbewusstseins
    2. Sicherheit im Auftreten
    3. Bewährung in neuem Umfeld
    4. Erlernen sozialer Kompetenz
  II. Kennenlernen der Arbeitswelt
    1. Überprüfung des eigenen Berufswunsches
    2. Ideen für künftige Berufswahl
    3. Knüpfen nützlicher Kontakte
  III. Üben für den Ernstfall
    1. Schreiben einer Bewerbung
    2. Führen eines Bewerbungsgesprächs
    3. Erscheinungsbild und Auftreten am Arbeitsplatz
  IV. Erweiterung der eigenen Qualifikation
    1. Sammeln praktischer Erfahrung
    2. Erhalt eines Zeugnisses oder einer Empfehlung für spätere Bewerbung
    3. Erlernen neuer Kenntnisse und Fähigkeiten
C. Erleichterung der Berufswahl und -ausübung

5 *zum Beispiel:*

Immer wieder wird von Seiten der Betriebe kritisiert, dass die Schülerinnen und Schüler heute nicht ausreichend auf das Berufsleben vorbereitet sind. In der Tat ist die Ausbildung in der Schule ja oft eher theoretisch orientiert. Deshalb lassen sich zahlreiche Argumente dafür finden, warum ein Praktikum in der 9. Klasse sinnvoll ist.

6 *zum Beispiel:*

Zunächst steht außer Frage, dass durch ein Praktikum die Persönlichkeit gestärkt wird. Während eines Praktikums müssen viele neue Situationen gemeistert werden, beispielsweise die Einarbeitung in ein neues Themengebiet oder der praktische Einsatz einer erlernten Sprache. Dadurch ergibt sich eine Stärkung des Selbstbewusstseins, wodurch sich wiederum das Auftreten nach außen positiv verändert. Während man sich anfangs vielleicht doch ein wenig schüchtern herantastet, wird man bald weniger scheu auf andere zugehen und auch einmal seine Interessen gegen Widerstände oder im Team durchsetzen. All dies sind Eigenschaften, die eine wichtige Rolle für die Ausbildung der eigenen Persönlichkeit darstellen.
Zweitens ist es überaus wichtig, die Arbeitswelt frühzeitig kennen zu lernen. Nur so kann man die vielleicht schon bestehenden Berufswünsche auf ihre Tauglichkeit und Realisierbarkeit hin überprüfen. Wie sonst soll man wissen, ob man sich den Traumberuf nicht vielleicht ganz falsch vorgestellt hat? Zudem wissen die meisten Jugendlichen oft noch gar nicht, welchen Beruf sie einmal ergreifen wollen. In meiner Klasse haben die wenigsten eine klare Vorstellung davon. Ein Praktikum in einem Betrieb, in dem man konkrete Erfahrungen sammeln kann, öffnet einem vielleicht erst die Augen für die zukünftige Laufbahn. Ebenso kann es wichtig und hilfreich sein, Kontakte zu knüpfen, die eine weitere Beratung und einen vertieften Einblick, zum Beispiel in einem weiteren Praktikum, ermöglichen oder sogar den späteren Einstieg ins Berufsleben erleichtern können. Meine Schwester ist beispielsweise heute in dem Betrieb eingestellt, in dem sie damals ihr Praktikum geleistet hat. Dies verdeutlicht also, wie unabdingbar es ist, frühzeitig einen Blick über den Tellerrand der Schule zu werfen.
Darüber hinaus kann man hier schon einmal relativ gefahrlos für den späteren „Ernstfall" üben. Kein Betrieb wird später einen Bewerber einstellen oder überhaupt erst einladen, dessen Bewerbungsmappe schon fehlerhaft oder unvollständig ist. Durch diesen ersten Versuch kann man sol-

che Fehler später vermeiden. Auch das Führen eines Bewerbungsgesprächs ist etwas, mit dem man im Schulalltag sonst nicht konfrontiert wird. Das Praktikum bietet die Möglichkeit, die Bewerbungssituation schon einmal zu erleben. Außerdem erhalten Schülerinnen und Schüler im Bewerbungsgespräch oft hilfreiche Tipps, wie sie sich bei späteren Bewerbungsgesprächen noch positiver darstellen können. Zur positiven Darstellung gehören auch das Erscheinungsbild und das Auftreten am Arbeitsplatz. In vielen Betrieben werden beispielsweise zerrissene Jeans oder Piercings eher ungern gesehen. Auch hier kann man also bereits frühzeitig lernen, wie man seine Chancen auf Erfolg in der Arbeitswelt vergrößern kann.

Nun könnte man einwenden, dass man sich doch zunächst auf die Ausbildung in der Schule und den Erwerb von Wissen konzentrieren sollte. Das wird jedoch den Anforderungen der heutigen Gesellschaft nicht gerecht, in der eine möglichst breite und vor allem auch praktische Ausbildung immer wichtiger wird. Deshalb ist es von zentraler Bedeutung, dass durch ein Praktikum die eigene Qualifikation erweitert wird, und zwar in verschiedenen Bereichen. Wie der Name schon sagt, werden hier wirklich praktische Fähigkeiten erlernt, während in der Schule der Schwerpunkt oft auf der theoretischen Wissensvermittlung liegt. Ein Freund hat mir neulich mitgeteilt, wie interessant es für ihn war, als er während eines Praktikums bei einem Anwalt mitbekam, welche konkreten Fälle sich hinter den in der Schule abstrakt durchgenommenen Gesetzesparagraphen verbergen können. Außerdem wird man nach erfolgreich durchgeführtem Praktikum ein Zeugnis und/oder eine Empfehlung erhalten, was einen entscheidenden Pluspunkt für zukünftige Bewerbungen darstellen kann. Mein Onkel, der in einer Bank arbeitet, sagt zum Beispiel immer, dass er bei Bewerbern nicht nur auf die Schulnoten, sondern vor allem auf die vorgelegten Zusatzqualifikationen – und dazu zählen eben vor allem Praktika – Wert legt. Insbesondere aber wird man, zumindest wenn man seinen Praktikumsplatz mit Bedacht auswählt, neue Kenntnisse und Fähigkeiten erwerben, die einem auch im späteren Leben einmal nützlich sein können. Dazu zählen die oben genannten sozialen Kompetenzen, aber unter anderem auch der Umgang mit Computern, die Erledigung schriftlicher Korrespondenz oder der Umgang mit Kunden – was immer auch im Einzelnen zu tun sein wird, auf jeden Fall wird man einen persönlichen Gewinn daraus ziehen.

Seite 37

7 *zum Beispiel:*
Zusammenfassend lässt sich also sagen, dass ein Praktikum in der neunten Klasse eigentlich nur Vorteile mit sich bringt. Es erleichtert die spätere Berufswahl, indem es Interessen weckt oder vertieft. Meiner Meinung nach sollte es für alle Schülerinnen und Schüler verpflichtend eingeführt werden, dann hätten auch die Betriebe in Zukunft weniger Anlass zur Klage über die mangelnde Qualifikation der Bewerber. Ich selbst werde mich auf jeden Fall dafür entscheiden.

Seite 38

1 *a) In Österreich durften bei der Nationalratswahl am 28. 09. 2008 erstmals schon Jugendliche im Alter von 16 Jahren wählen. Eine gute Idee – warum nicht auch für Deutschland? Soll in Deutschland das Wahlalter von 18 auf 16 Jahre herabgesetzt werden?*

b) ✗ *Soll das Wahlalter von 18 auf 16 Jahre gesenkt werden?*

2 ***A:** antithetisch; **B:** antithetisch; **C:** steigernd; **D:** antithetisch*

Seite 41

4 *Vergleiche Lösung zu Aufgabe 5.*

5 *zum Beispiel:*

***Pro:** Gründe für die Senkung des Wahlalters auf 16 Jahre*	***Kontra:** Gründe gegen die Senkung des Wahlalters auf 16 Jahre*
Oberbegriff: Jugendliche würden sich mehr für Politik interessieren *Unterpunkte:* □ *Jugendliche wollen politische Verantwortung übernehmen* □ *Meinung und Position der Jugendlichen wird aufgewertet* □ *Politikverdrossenheit könnte abgebaut werden*	*Oberbegriff: Jugendliche haben noch wenig politisches Wissen und Erfahrung mit der Politik* *Unterpunkte:* □ *keine Entscheidungsfähigkeit ohne politisches Vorwissen* □ *Jugendliche dürfen in anderen Bereichen erst mit 18 Verantwortung übernehmen*
Oberbegriff: Meinung der Jugendlichen muss in einer Demokratie vertreten sein *Unterpunkte:* □ *manche Entscheidungen betreffen direkt die Zukunft der Jugendlichen* □ *manche Entscheidungen betreffen die älteren Wähler nicht mehr* □ *die Jugendlichen machen etwa 20 % der Bevölkerung aus*	*Oberbegriff: politische Landschaft könnte sich negativ verändern* *Unterpunkte:* □ *Jugendliche neigen dazu, aus Protest extremistisch zu wählen* □ *statistisch würde die Wahlbeteiligung weiter sinken*

Seite 42

6 *a) zum Beispiel:*
für Herabsetzung des Wahlalters; für Politik interessieren; Verantwortung übernehmen; Entscheidungen betreffen die Zukunft; hoher Bevölkerungsanteil; alle Macht vom Volke

6 *b) zum Beispiel:*

A. Beteiligung von Jugendlichen ab 16 Jahren bei österreichischen Nationalratswahlen 2008
B. Herabsetzung des Wahlalters von 18 auf 16 Jahre auch in Deutschland?
I. Gründe gegen die Herabsetzung des Wahlalters auf 16 Jahre
1. Negative Veränderung der politischen Landschaft
a) Tendenz Jugendlicher zur Protesthaltung
b) Zunahme von extremistischen Parteien
2. Mangel an Erfahrung und politischem Wissen
a) Keine Entscheidungsfähigkeit ohne Vorwissen
b) Verantwortung in anderen Bereichen ab 18
II. Gründe für die Herabsetzung des Wahlalters auf 16 Jahre
1. Motivation für Interesse an Politik
a) Abbau von Politikverdrossenheit
b) Aufwertung jugendlicher Positionen
c) Verantwortungswunsch von Jugendlichen
2. Vertretung der Interessen von Jugendlichen in der Gesellschaft
a) Relevante Bevölkerungsgruppe
b) Politische Mitgestaltung der eigenen Zukunft
III. Fazit: Herabsetzung des Wahlalters auf 16 Jahre auch in Deutschland
C. Konsequenzen für den Sozialkundeunterricht in der Schule

Seite 43

7 *zum Beispiel:*

Meiner Meinung nach sollte das Wahlalter von 18 auf 16 Jahre herabgesetzt werden. Dafür spricht eine ganze Reihe von Gründen, die ich im Folgenden darlegen möchte.

Zunächst steht für mich außer Frage, dass das Interesse der Jugendlichen an Politik durch eine Absenkung des Wahlalters zunehmen würde. Die herrschende Politikverdrossenheit geht ja nicht zuletzt darauf zurück, dass junge Menschen keinen Einfluss auf die Politik nehmen können und sich entsprechend übergangen fühlen. Die Senkung des Wahlalters aber, signalisierte schon den 16-Jährigen, dass sie in dieser Demokratie Verantwortung übernehmen können und sollen. Wer sich gefragt und ernst genommen fühlt, ist auch bereit, sich zu engagieren. Das gilt für die Politik ebenso wie für viele andere Lebensbereiche. Aus eigener Erfahrung weiß ich etwa, dass Schülerinnen und Schüler sich viel bereitwilliger und intensiver auf eine Klassenfahrt vorbereiten, wenn sie das Fahrtziel mitbestimmen dürfen. Übertragen auf die Politik bedeutet das letztlich, dass das politische Bewusstsein junger Menschen gestärkt wird.

Als weiteren Grund für die Herabsenkung des Wahlalters möchte ich anführen, dass ...

8 *zum Beispiel:*

Als weiteren Grund für die Herabsetzung des Wahlalters möchte ich anführen, dass die Interessen von Jugendlichen in der Politik bislang zu wenig vertreten werden. Dabei muss man sich zunächst klarmachen, das junge Menschen in dieser Gesellschaft keine Minderheit darstellen, sondern beinahe 20 % der Gesamtbevölkerung repräsentieren. Zudem ist zu bedenken, dass mancher Jungwähler bei seiner ersten Bundestagswahl bereits 22 Jahre alt ist. Bis zu diesem Zeitpunkt betreffen ihn jedoch zahlreiche politische Entscheidungen, bei denen er nicht mitstimmen kann. Als Beispiele seien hier nur die Einführung von Studiengebühren, die Bestimmung zu den Auslandseinsätzen der Bundeswehr oder Gesetzte zum Arbeitsmarkt genannt. All dies zeigt deutlich, dass junge Menschen das Recht haben sollten, ihre eigene Zukunft politisch mitzugestalten.

Seite 44

9 *zum Beispiel:*

Ein Grund, der häufig gegen die Herabsetzung des Wahlalters angeführt wird, ist, dass viele Jugendliche kaum Interesse am politischen Geschehen haben und nicht wissen, worum es bei einer Wahl geht. Letzeres liegt unter anderem daran, dass sie nur selten die Zeitung lesen und kaum Nachrichten sehen. Wenn die Jugendlichen aber weder die Politiker noch die Parteien, die zur Wahl stehen, kennen, können sie auch keine vernünftige Wahlentscheidung treffen. Dass sie sich dann auch nicht darüber im Klaren sind, welche Konsequenzen ihre Wahlentscheidung hat, liegt auf der Hand. Interessant in diesem Zusammenhang ist auch, dass die Jugendlichen sich selbst als unreif empfinden und bei wichtigen Wahlen vor der Verantwortung zurückschrecken.

Diesen Einwänden ist eine Reihe von Vorteilen gegenüberzustellen.

Die herrschende Politikverdrossenheit junger Leute geht nicht zuletzt darauf zurück, dass sie keinen Einfluss auf die Politik nehmen können und sich entsprechend übergangen fühlen. Ihr Interesse an der Politik wäre sicher ungleich größer, wenn man sie in die Entscheidungsfindungen einbezöge.

10 *zum Beispiel:*

Es ist deutlich geworden, dass die positiven Gesichtspunkte die negativen überwiegen. Junge Menschen sollten das Recht haben, über ihre eigene Zukunft und die Zukunft ihres Landes mitzubestimmen. Wer an politischen Entscheidungsprozessen aktiv teilhat, wer von der Politik angesprochen und mitgenommen wird, der interessiert sich auch für sie und stärkt damit letztlich unsere Demokratie. All dies bedenkend fällt mein Fazit eindeutig aus: Das Wahlalter sollte auch in Deutschland von 18 auf 16 Jahre gesenkt werden.

Seite 45

11 *Vergleiche Lösung zu Aufgabe 13 a).*

12 *a) Schlussteil 1: pro*
Schlussteil 2: kontra

b) Vergleiche Lösung zu Aufgabe 13 a).

13 *a) zum Beispiel:*
Am 31. Juli 1970 setzte der Deutsche Bundestag das Mindestwahlalter von bislang 21 Jahren auf 18 herab. Damals war das mutig und heftig umkämpft. Sollten 18-Jährige tatsächlich dazu in der Lage sein, sich zwischen Politikern und Parteien zu entscheiden? Wären sie damit nicht heillos überfordert? Niemand wird diese Fragen heute mehr ernsthaft diskutieren. Umso heftiger wird gegenwärtig darum gestritten, ob unserer Demokratie eine weitere Senkung des Wahlalters von 18 auf 16 Jahre zuträglich ist. Was für und was gegen diese Absenkung spricht, möchte ich im Folgenden ausführen.
Zuerst möchte ich einige Gründe, die gegen eine Senkung des Wahlalters in Deutschland sprechen, näher beleuchten. Der Haupteinwand der Gegner betrifft die möglichen Konsequenzen eines solchen Schritts. Jugendliche neigen mit 16 Jahren in vielen Lebensbereichen zu einer oft unreflektierten Protesthaltung. Aber was gegenüber den eigenen Eltern vielleicht nur eine Frage der Zeit ist, kann auf politischem Feld verheerende Folgen haben. Eine gewählte extremistische Partei bleibt für vier Jahre auf der politischen Bühne und kann der Demokratie beträchtlichen Schaden zufügen. So geschehen in unserem Nachbarland Österreich. Das Wahlalter wurde gesenkt und eine große Zahl der Erstwähler hat eine rechtskonservative Partei unterstützt.
Ein weiterer Vorbehalt, der häufig gegen die Herabsetzung des Wahlalters ins Feld geführt wird, ist, dass viele Jugendliche kaum Interesse am politischen Geschehen haben und nicht wissen, worum es bei einer Wahl geht. Letzeres liegt unter anderem daran, dass sie nur selten die Zeitung lesen und kaum Nachrichten sehen. Wenn die Jugendlichen aber weder die Politiker noch die Parteien, die zur Wahl stehen, kennen, können sie auch keine vernünftige Wahlentscheidung treffen. Dass sie sich dann auch nicht darüber im Klaren sind, welche Konsequenzen ihre Wahlentscheidung hat, liegt auf der Hand. Interessant in diesem Zusammenhang ist, dass die Jugendlichen sich auch selbst als unreif empfinden und bei wichtigen Wahlen regelmäßig vor der Verantwortung zurückschrecken.
Diesen Einwänden ist eine Reihe von Vorteilen gegenüberzustellen.
Zunächst steht für mich außer Frage, dass das Interesse der Jugendlichen an Politik durch eine Absenkung des Wahlalters zunehmen würde. Die herrschende Politikverdrossenheit geht ja nicht zuletzt darauf zurück, das junge Menschen keinen Einfluss auf die Politik nehmen können und sich entsprechend übergangen fühlen. Die Senkung des Wahlalters aber signalisiert schon den 16-Jährigen, dass sie in dieser Demokratie Verantwortung übernehmen können und sollen. Wer sich gefragt und ernst genommen fühlt, ist auch bereit, sich zu engagieren. Das gilt für die Politik ebenso wie für viele andere Lebensbereiche. Aus eigener Erfahrung weiß ich etwa, dass Schülerinnen und Schüler sich viel bereitwilliger und intensiver auf eine Klassenfahrt vorbereiten, wenn sie das Fahrtziel mitbestimmen dürfen. Übertragen auf die Politik bedeutet das letztlich, dass das politische Bewusstsein junger Menschen gestärkt wird.
Als weiteren und wichtigsten Grund für die Herabsetzung des Wahlalters möchte ich anführen, dass die Interessen von Jugendlichen in der Politik bislang zu wenig vertreten werden. Dabei muss man sich zunächst klarmachen, dass junge Menschen in dieser Gesellschaft keine Minderheit darstellen, sondern beinahe 20 % der Gesamtbevölkerung repräsentieren. Zudem ist zu bedenken, dass mancher Jungwähler bei seiner ersten Bundestagswahl bereits 22 Jahre alt ist. Bis zu diesem Zeitpunkt betreffen ihn jedoch zahlreiche politische Entscheidungen, bei denen er nicht mitstimmen kann. Als Beispiele seien hier nur die Einführung von Studiengebühren, die Bestimmung zu den Auslandseinsätzen der Bundeswehr oder Gesetzte zum Arbeitsmarkt genannt.
All dies macht deutlich, dass die positiven Gesichtspunkte die negativen bei Weitem überwiegen. Junge Menschen sollten das Recht haben, über ihre eigene Zukunft und die Zukunft ihres Landes mitzubestimmen. Wer an politischen Entscheidungsprozessen aktiv teilhat, wer von der Politik angesprochen und mitgenommen wird, der interessiert sich auch für sie und stärkt damit letztlich unsere Demokratie. All dies bedenkend fällt mein Fazit eindeutig aus: Das Wahlalter sollte in Deutschland von 18 auf 16 Jahre gesenkt werden.
1970 haben die Abgeordneten des Bundestages etwas gewagt und etwas gewonnen. Daran sollten sich ihre Amtskollegen von heute ein Beispiel nehmen. Vielleicht wird es ein paar Jahre dauern, bis die jungen Wähler ihren Gang in die Wahlkabine nicht nur als Verpflichtung, sondern auch als Chance begreifen. Aber irgendwann – und eher früher als später – werden sie die Möglichkeiten erkennen, die darin liegen, selbst aktiv die eigene Zukunft mitzugestalten, selbst Verantwortung zu übernehmen. Man wächst mit seinen Aufgaben, heißt es so schön. Lassen wir die 16-Jährigen in diesem Sinne wachsen: menschlich und politisch.

Seite 46

1 *In Bayern soll das Angebot an Ganztagsschulen ausgebaut werden. Erörtere, was für und was gegen die Einführung von Ganztagsschulen spricht.*

Seite 47

3 *Vergleiche Lösung zu Aufgabe 4.*

4 *zum Beispiel:*

Pro: *Gründe für die Einführung von Ganztagsschulen*	**Kontra:** *Gründe gegen die Einführung von Ganztagsschulen*
Oberbegriff: Hausaufgaben *Unterpunkte:* □ *Hilfe bei Hausaufgaben* □ *keine Hausaufgaben mehr zu Hause* □ *gemeinsames Lernen* *Oberbegriff: Freizeit und Freunde* *Unterpunkte:* □ *Freunde vor Ort* □ *vielfältige Freizeitangebote* *Oberbegriff: mehr Gerechtigkeit und Chancengleichheit* *Unterpunkte:* □ *Freizeitangebote für alle* □ *kostenlose Nachhilfe* □ *warmes Mittagessen für alle*	*Oberbegriff: ganztags in der Schule* *Unterpunkte:* □ *weniger Zeit für Familie und außerschulische Freunde* □ *keine Möglichkeit, allein zu sein* □ *keine Möglichkeit, Taschengeld aufzubessern* □ *Eltern verlieren Kontakt zu Kindern* *Oberbegriff: höhere Kosten der Ganztagsschule* *Unterpunkte:* □ *neue Räumlichkeiten* □ *Betreuungskräfte*

Seite 48

5 *zum Beispiel:*

A. Ganztagsschulen in vielen Bundesländern und europäischen Staaten
B. Einführung von Ganztagsschulen in Bayern?
  I. Gründe gegen Ganztagsschulen
    1. Keine individuelle Freizeitgestaltung
      a) Nachteile für außerschulische Freunde und Familie
      b) Nachteile für das Vereinsleben
      c) Alleinsein nicht möglich
    2. Hohe Kosten
      a) Neues Betreuungspersonal nötig
      b) Neue, geeignete Räumlichkeiten nötig
  II. Gründe für Ganztagsschulen
    1. Bessere Unterrichtsvorbereitung
      a) Hausaufgabenbetreuung
      b) Gemeinsames Lernen
    2. Bessere Freizeitgestaltung
      a) Freunde vor Ort
      b) Vielfältige Freizeitangebote
    3. Chancengleichheit
      a) Freizeitmöglichkeiten unabhängig vom Einkommen der Eltern
      b) Kostenlose Nachhilfe
      c) Mittagessen für alle
  III. Fazit: Einführung von Ganztagsschulen in Bayern
C. Positive Bilanz in bereits existierenden Ganztagsschulen

6 *a) zum Beispiel:*

Frankreich, Italien, England, Finnland – in einem Großteil der europäischen Länder genießen die Jugendlichen etwas, was ihnen in Bayern noch vorenthalten wird: die Ganztagsschule. In Ganztagsschulen wird den Schülerinnen und Schülern an mindestens vier Tagen pro Woche ein ganztägiges Angebot bereitgestellt, das täglich mindestens sieben volle Stunden Betreuung vorsieht. Da stellt sich die Frage, ob die Einführung der Ganztagsschule nicht auch in Bayern sinnvoll ist?

Leicht zu beantworten ist diese Frage nicht. Deshalb sollen die Gründe, die für und gegen die Einführung von Ganztagsschulen in Bayern sprechen, im Folgenden gegenübergestellt werden.

Zunächst klingt die Verpflichtung, den ganzen Tag in der Schule zu verbringen, für die meisten Schülerinnen und Schüler sicher nicht verlockend. Konnten bayerische Schülerinnen und Schüler bislang individuell über ihre unterrichtsfreie Zeit am Nachmittag verfügen, wird ihnen dieses Privileg mit der Einführung der Ganztagsschulen genommen. Ab diesem Zeitpunkt ist es Pflicht, jeden Werktag, mindestens jedoch viermal pro Woche, bis in den späten Nachmittag hinein in der Schule zu bleiben. Es liegt auf der Hand, dass das negative Auswirkungen auf das soziale Leben vieler Schülerinnen und Schüler hat. Freunde, die nicht in der gleichen Klasse oder Schule sind, kann man nur am Wochenende treffen. Ein gemeinsamer Nachmittagsausflug mit den Eltern wird zur Seltenheit und die Trainingszeiten des Sportvereins wahrzunehmen, gerät zur Hetzerei. Außerdem werden besonders die älteren Schülerinnen und Schüler der Möglichkeit beraubt, sich zurückzuziehen. Ich persönlich habe oft den Wunsch, meine Zimmertür hinter mir zu schließen und ungestört zu sein.

Neben diesen privaten Gründen sprechen auch organisatorische und Kostengründe gegen die Einrichtung von Ganztagsschulen. Freizeitpädagogen und Lehrkräfte mit einer zusätzlichen Ausbildung müssen gefunden und angestellt, Schulgebäude den Anforderungen entsprechend umgebaut werden. Welche Schule verfügt schon über eine Küche, in der man Mittagessen für viele hundert Schülerinnen und Schüler zubereiten kann? Allein diese finanziellen und organisatorischen Hürden lassen die Ganztagsschule in weite Ferne rücken.

Andererseits wächst das Bewusstsein stetig, dass mehr in die Bildung von Kindern und Jugendlichen investiert werden muss. Die Ganztagsschule wäre hier ein Schritt in die richtige Richtung. Die Schülerinnen und Schüler könnten ihre Hausaufgaben unter der kundigen Betreuung

von Lehrern erledigen, sie könnten nachfragen und nachhaken und hätten die Chance auf eine individuelle Betreuung. Zudem wäre das Zuhause dann ein annähernd „schulfreier“ Raum, in dem die freie Zeit in vollen Zügen genossen werden kann. Das würde Kinder und Eltern sicher entlasten.
Zum Zweiten bietet die Ganztagsschule zahlreiche Möglichkeiten der Freizeitgestaltung. Die Schülerinnen und Schüler können viel gemeinsame Zeit mit ihren Freunden verbringen, können zusammen an Projekten arbeiten und sportliche oder musikalische Angebote wahrnehmen. Manch einer wird dabei vielleicht ganz neue Seiten und Talente an sich entdecken. Aus meiner eigenen Erfahrung kann ich berichten, dass viele Schülerinnen und Schüler ihre Nachmittage vor sinnlosen Computerspielen verbringen oder sich vor dem Fernseher langweilen. Die Freizeitangebote der Ganztagsschule sind dem bei weitem vorzuziehen.
Der letzte und zugleich wichtigste Grund, der für die Einführung der Ganztagsschule spricht, betrifft den grundlegenden Gedanken der Chancengleichheit. Das fängt bereits mit der einen warmen Mahlzeit am Tag an, die nicht jede Schülerin und jeder Schüler zu Hause erhält. Bei dem einen arbeiten vielleicht beide Eltern, bei dem anderen mag es andere Ursachen geben. Tatsache ist, dass die Ganztagsschule ein regelmäßiges warmes Mittagessen garantiert. Von noch zentralerer Bedeutung in diesem Zusammenhang ist aber, dass auch den Kindern aus ärmeren Familien das gleiche Freizeit- und Bildungsangebot zur Verfügung steht wie ihren Klassenkameraden mit besseren finanziellen Möglichkeiten. Dass sich viele Kinder keine Nachhilfe, keinen Musikunterricht und in manchen Fällen sogar den Jahresbeitrag für den Sportverein nicht leisten können, habe ich persönlich immer als zutiefst ungerecht empfunden. Schulischer Erfolg darf nicht vom Einkommen der Eltern abhängen und die Chance, die eigenen Persönlichkeit auf vielfältige Weise zu entwickeln, muss jedes Kind haben. Die Ganztagsschule sorgt hier endlich für Gerechtigkeit.
Es muss sicher zugegeben werden, dass die Einführung von Ganztagsschulen kostenintensiv ist und für viele eine Umstellung im Familienleben mit sich bringt, aber gerade die Tatsache, dass die Bildungschancen vieler Schülerinnen und Schüler mit der Ganztagsschule steigen, gibt hier den Ausschlag: Die Einführung von Ganztagsschulen ist letztlich zu befürworten.
Meine Freunde in Frankreich berichten nur Gutes über ihre Ganztagsschule. Sie engagieren sich in einer Theater AG, machen Musik und Sport. Sie arbeiten ihre schulischen Pflichten in der Ganztagsschule ab und gestalten anschließend vor Ort ihre Freizeit. Das hört sich doch gut an! Ich jedenfalls kann mir eine Ganztagsschule nach diesem Vorbild auch Bayern sehr gut vorstellen.

Seite 50

1 *Fasse die wichtigsten Kernaussagen aus dem Interview „Frühaufsteher erhalten bessere Noten“ zusammen und mache die Absicht (Intention) des Textes deutlich. Sollte der Unterricht (bei gleich bleibender Wochenstundenzahl) später beginnen? Beziehe zu dieser Frage unter Einbeziehung des Textes kritisch Stellung.*

2 *a) zum Beispiel:*
Biorhythmus = individuell unterschiedliche Abfolge von Leistungshochs und -tiefs
Varianz = Bandbreite, Unterschiede
Chronotyp = Zeittyp; hier in Bezug auf die individuell geeignete Schlafzeit

Seite 52

3 *zum Beispiel:*
- *Der Text behandelt die Auswirkung des individuellen Biorhythmus auf die Leistung in der Schule.*
- *Die zentrale These des Textes ist, dass die schulische Leistung vom Schlaftypus der Schüler beeinflusst und dass die Mehrheit der Schüler durch die frühe Anfangszeit der Schule benachteiligt wird.*
- *Frühaufsteher erreichen deutlich bessere Abiturnoten, sind aber nicht intelligenter; Wissenschaft unterscheidet Schlaftypen; Schule diskriminiert Schüler, besonders Jugendliche, die durch Hormonumstellung zu Nachteulen werden; Erkenntnisse stützen sich auf Schülerbefragung; Schlaftyp sollte auch bei der Berufswahl berücksichtigt werden.*
- *Der Text zieht den Schluss, dass ein späterer Schulbeginn gerechter wäre, und er verfolgt die Absicht, seine Leser, aber auch Bildungspolitiker, von dieser Schlussfolgerung zu überzeugen.*

Seite 53

4 *zum Beispiel:*
***These des Textes:** Frühaufsteher bekommen in der Schule bessere Noten.*
2. Der Biorhythmus kann nicht verändert werden und passt nicht zum Stundenplan in der Schule, denn die meisten Jugendlichen sind „Spättypen“.
***Beleg:** Wissenschaftliche Untersuchungen haben hinreichend bewiesen, dass Menschen unterschiedliche Schlafgewohnheiten haben, die sie oft lebenslang behalten.*
3. Viele Schüler, insbesondere Jugendliche, werden durch den frühen Schulbeginn benachteiligt.
***Beleg:** Es ist eine biologische Tatsache, dass die Hormonumstellung in der Pubertät aus den meisten Schülerinnen und Schülern „Nachteulen“ macht.*
4. Jeder kann selbst feststellen, zu welchem Schlaftyp er gehört.
***Beleg:** Bei einer Befragen haben Schüler selbst eingeschätzt, wann sie ein Tief und wann sie ein Leistungshoch haben.*
5. Die Schule sollte um 9 Uhr anfangen.
***Begründung:** Diese Anfangszeit käme auch den Spättypen entgegen.*
***Beleg:** In anderen Ländern hat man damit gute Erfahrungen gemacht.*
6. Der Schlaftyp sollte bei der Berufswahl berücksichtigt werden.
***Begründung:** Es kann zu schweren körperlichen und geistigen Erkrankungen führen, wenn man den eigenen Schlaftyp ignoriert.*
7. Appell: Die Bildungspolitiker sollten auf die Erkenntnisse reagieren.
***Begründung:** Die Noten der Schüler würden sich verbessern.*

Seite 54

5 *zum Beispiel:*

Gründe für einen späteren Schulbeginn

- *Argument aus dem Interview: Langschläfer werden benachteiligt (halbe Note schlechter) → Stützung des Arguments durch eigene Erfahrung: bei Test und Klassenarbeiten in der ersten Stunde ist man unkonzentriert.*
- *Argument aus dem Interview: Mehrheit der Jugendlichen ist vom Biorhythmus her Langschläfer, dieser Biorhythmus kann nicht verändert werden. → Belege im Text wirken überzeugend: 1. Hormonhaushalt, 2. Auswirkungen auf Berufsausübung. Stützung des Arguments durch eigene Erfahrung: Ab der dritten Schulstunde nimmt die mündliche Beteiligung regelmäßig zu.*
- *Forderung aus dem Interview: Schule sollte erst um 9 Uhr beginnen. → Forderung wird mit einer Behauptung, die Noten würden besser, nicht hinreichend begründet. Allerdings deutet der Hinweis auf die anderen Ländern an, dass man dort positive Ergebnisse mit einer späteren Anfangszeit erzielt hat. Stützung des Arguments mit Abschneiden bei PISA-Studie.*
- *Eigenes Argument: Wenn die Zeugnisse sich tatsächlich um einen halben Notenpunkt im Durchschnitt verbessern lassen, sollte die Schule unbedingt etwas später beginnen. Nur mit einem guten Zeugnis ist man auch im Ausland konkurrenzfähig. Außerdem würde von den Lehrenden und Lernenden durch bessere Noten auch etwas Druck genommen, die Stimmung in den Klassen würde besser.*

Gründe gegen einen späteren Schulbeginn

- *Argument aus Zusatztext: Der Unterricht dauert jeden Tag bis in den Nachmittag. → Stützung aus eigener Erfahrung: Die verbleibende Freizeit ist bereits knapp bemessen. Verlängert sich der Unterricht, bleibt für Entspannung und Erholung kaum noch Zeit.*

6 *zum Beispiel: Schule sollte später beginnen: Chancengleichheit herstellen, Notendurchschnitt verbessern*

Seite 55

7 *zum Beispiel:*

A. Schulbeginn in Deutschland traditionell am frühen Morgen.

B. Sollte die Schule bei gleichbleibender Stundenzahl später anfangen?

I. Textanalyse

1. Der frühe Unterrichtsbeginn führt bei den meisten Schülern zu schlechteren Noten.
a) Frühaufsteher sind im Vergleich zu Langschläfern im Schnitt um eine halbe Note besser.
b) Der Biorhythmus kann nicht verändert werden und passt nicht zum Stundenplan in der Schule, denn die meisten Jugendlichen sind „Spättypen".
c) Schülerinnen und Schüler in der Pubertät sind hormonbedingt „Nachteulen".

2. Die Schule sollte erst um 9 Uhr beginnen.
a) Im Ausland hat man den Schulbeginn bereits nach hinten verschoben.
b) Ignoriert man die „innere Uhr", können Erkrankungen auftreten.
c) Die Schülerleistungen würden sich verbessern.

3. Die Intention des Textes ist, über das Problem eines zu frühen Unterrichtsbeginns zu informieren. Darüber hinaus will der Text seine Leserinnen und Leser aber auch vom Sinn der Forderung nach einem späteren Schulbeginn argumentativ überzeugen. Einen entsprechenden Appell richtet er an die politischen Entscheidungsträger.

II. Eigene Stellungnahme zur Frage nach einem späteren Schulbeginn bei gleicher Stundenzahl.

1. Christoph Randlers These ist durch eine Studie belegt und wirkt überzeugend.
a) Es ist ein Gebot der Fairness, dass alle Schülerinnen und Schüler dieselbe Chance auf ein gutes Abschlusszeugnis haben.
b) Die eigene Erfahrung zeigt, dass viele Schülerinnen und Schüler in den ersten Schulstunde noch müde sind und bei früh angesetzten Klassenarbeiten schlechter abschneiden.
c) Studien haben gezeigt, dass Schüler im Ausland einen besseren Notendurchschnitt haben.
d) Wenn die Leistungen sich verbessern, verbessert sich auch die Stimmung in der Schule und zu Hause. Außerdem erhöhen sich die Berufschancen.

2. Ein späterer Schulbeginn würde auch Nachteile mit sich bringen.
a) Bei gleich bleibender Stundenzahl würde sich der Unterricht immer bis in den Nachmittag erstrecken. Dass würde die Zeitnot vieler Schüler noch einmal erhöhen. Neben Schule, Hausaufgaben und anderweitigen Verpflichtungen bliebe fast keine Zeit zur freien Gestaltung.

III. Fazit

Die Forderung Christoph Randlers ist aus verschiedenen Gründen zu unterstützen. Ein späterer Schulbeginn würde die Gleichheit zwischen Schülern mit verschiedenem Biorhythmus, aber infolge des Anstiegs der schulischen Leistungen auch die Chancengleichheit zwischen deutschen Schülern und Schülern aus dem europäischen Ausland herstellen. Bessere Noten würden die Stimmung in der Schule und zu Hause verbessern und so letztlich zu einem entspannteren Miteinander führen.

C. Bei einem Aufenthalt in England den späteren Schulbeginn als positiv erlebt.

Seite 56

8 *zum Beispiel:*

In dem vorliegenden Interview „Frühaufsteher haben bessere Noten", das Antonia Götsch von SPIEGEL ONLINE mit dem Biologen Christoph Randler geführt hat, wird die These aufgestellt, dass der frühe Unterrichtsbeginn viele Schüler sogar bei den Noten benachteilige.

Meine Großeltern erzählen oft davon, dass sie sich um fünf Uhr morgens auf den Weg machen mussten, um rechtzeitig in der Schule zu sein. Obwohl wir heute nicht mehr so früh aufstehen müssen, sind viele von uns morgens in der Schule lustlos und müde. Sollte der Unterricht nicht später beginnen?

9 *zum Beispiel:*
In dem vorliegenden Interview vertritt der Biologe Christoph Randler die These, dass der frühe Unterrichtsbeginn bei den meisten Schülern zu schlechteren Noten führt. Diese These stützt der Biologe mit einigen Argumenten und Beispielen, die ich kurz zusammenfassen will.
Er stellt zunächst unter Berufung auf wissenschaftliche Erkenntnisse fest, dass der Biorhythmus von Kindern und Jugendlichen unterschiedlich ist. Dazu führt er aus, dass es sogenannte „Lerchen" (Z. 18) gibt, also Menschen, die bereits früh am Morgen hellwach sind, und „Nachteulen" (Z. 18), die erst am späteren Vormittag wirklich leistungsfähig sind. Des Weiteren gibt er zu bedenken, dass während der Pubertät aus den allermeisten „Lerchen" „Nachteulen" werden. Dies – und nicht mangelnde Intelligenz – führt, wie Randler feststellt, in Verbindung mit dem Schulstart um 8 Uhr morgens zu eklatant schlechteren Noten bei diesen Jugendlichen. Hinzu kommt, ebenfalls als Folge dieses frühen Schulbeginns, ein Schlafdefizit gerade bei jugendlichen Schülern. Randler kommt daher zu der Überzeugung: „Die Schule sollte wie in anderen Ländern erst um 9 Uhr anfangen" (Z. 56 f.).
Anschließend weist er darauf hin, dass der Schlaftyp auch bei der späteren Berufswahl berücksichtigt werden sollte, um psychischen Problemen vorzubeugen. Am Ende des Interviews bedauert der Schlafforscher, dass die aufgeführten Tatsachen und Argumente bei den politisch Verantwortlichen bisher noch auf kein Interesse gestoßen sind. „Mit etwas mehr Schlaf", begründet er noch einmal seine Forderung, „könnten unsere Schüler besser werden" (Z. 70 f.).

Die Absicht Christoph Randlers ist es, über das Problem eines zu frühen Unterrichtsbeginns zu informieren. Darüber hinaus will er seine Leserinnen und Leser aber auch vom Sinn der Forderung nach einem späteren Schulbeginn argumentativ überzeugen. Das erreicht er unter anderem durch ein Fachvokabular, wie „Biorythmus" (Z. 13) und „Hormonumstellung" (Z. 26), das seine wissenschaftliche Kompetenz unterstreicht und durch eine schlüssige Argumentation, die es schwer macht, eine sinnvolle Gegenposition einzunehmen. Die Mehrheit der Leser wird sich seinem indirekten Appell an die politischen Entscheidungsträger und an seine Prognose „mit etwas mehr Schlaf könnten unsere Schüler besser werden" (Z. 70 f.) sicher anschließen.

Seite 57

10 *zum Beispiel:*
Ausgehend vom dem Interview mit dem Biologen Christoph Randler soll nun die Frage erörtert werden, ob ein späterer Unterrichtsbeginn bei gleich bleibender Wochenstundenzahl sinnvoll wäre.
Christoph Randler vertritt, um es noch einmal knapp zusammenzufassen, die These, dass so genannte Langschläfer in der Schule benachteiligt werden. Belegt wird diese These mit den Ergebnissen einer Studie, die zeigt, dass Frühaufsteher durchschnittlich eine halbe Note besser abschneiden als Langschläfer, denn der Biorhythmus der Frühaufsteher passt optimal zu dem frühen Schulbeginn.

Obwohl diese Studie nur an 200 Studenten durchgeführt wurde und deshalb vielleicht auf den ersten Blick nicht repräsentativ erscheint, haben sich auch andere Forscher mit diesem Problem beschäftigt und kommen zu ähnlichen Ergebnissen. Konkret bedeutet das zum Beispiel, dass jugendliche Schüler, die infolge von Hormonumstellung zu „Nachteulen" werden, durch den frühen Schulbeginn diskriminiert werden. Aus eigener Erfahrung kann ich bestätigen, dass es bei Tests und Klassenarbeiten, die in der ersten Stunde geschrieben werden, regelmäßig zu schlechteren Ergebnissen kommt. Eine ähnliche Beobachtung habe ich zudem in Bezug auf die mündliche Beteiligung am Unterricht gemacht. Während in der ersten Stunde noch viele Schüler still vor sich hinträumen, wird der Unterricht ab der zweiten Stunde viel lebendiger, und das beinahe unabhängig vom Unterrichtsfach. Randers Argumentation empfinde ich in diesem Punkt als schlüssig, zumal er unter Verweis auf wissenschaftliche Erkenntnisse auch verdeutlicht, dass Menschen ihre innere Uhr nicht „austricksen" (Z. 15) können. Wenn wir es also nicht erlernen oder trainieren können, zu Frühaufstehern zu werden, werden so genannte Spättypen durch frühe Klausuren tatsächlich systematisch benachteiligt.
Der Forderung des Biologen nach einem Schulbeginn um 9 Uhr kann ich daher beinahe vorbehaltlos zustimmen. Nur eine kleine Einschränkung möchte ich doch anführen. Denn eines ist klar: Wenn die Schule später anfängt, dann dauert sie bei gleich bleibender Stundenzahl auch entsprechend länger. Das heißt, die ohnehin schon kappe freie Zeit, die nach Schule, Hausaufgaben, Sport und Musikstunde noch bleibt, schrumpft immer weiter zusammen. Zeit zur Enstpannung, zu Gesprächen mit Freunden oder einfach mal „die Seele baumeln zu lassen" bleibt immer weniger.
Und doch überwiegt die Zustimmung zu Randers Forderung, wie gesagt, bei Weitem. Das liegt nicht zuletzt auch an seinem Hinweis auf andere Länder, die bereits einen späteren Schulbeginn haben; denn Vergleichsstudien haben gezeigt, dass viele Schüler des europäischen Auslands im Schnitt ein besseres Abiturzeugnis erreichen. Abgesehen davon, dass es aus meiner Sicht ein Gebot der Fairness ist, dass alle oder jedenfalls die meisten Schüler ihre Leistungen unter gleichen Voraussetzung erbringen können, liegt für mich das wichtigste Argument, das Randers aufführt, in dem zu erwartenden schulischen Erfolg. Eine gute Abschlussnote ist schließlich der beste Grundstein für beruflichen Erfolg.
Natürlich müssen Vor- und Nachteile eines späteren Schulbeginns bedacht werden, aber die Argumente dafür überwiegen eindeutig. Die Vorteile eines späteren Schulbeginns, gerade für uns Schüler, sind ja unabweisbar: bessere Noten und in der Konsequenz größere Chancen auf dem in- und ausländischen Arbeitsmarkt. Auch die Situation in der Schule würde sich entspannen. Lehrende und Lernende hätten weniger Frustrations- und stattdessen mehr Erfolgserlebnisse.

Seite 58

11 *zum Beispiel:*
Wenn ich aus den Argumenten für und wider einen früheren Schulbeginn einen Schluss ziehen soll, so liegt es für mich auf der Hand, dass die Schule später beginnen sollte. Das Argument, dass der Biorhythmus auch willentlich nicht umzustellen ist und ein Langschläfer auch bei größten Bemühungen morgens keine Spitzenleistungen erreichen kann, gibt für mich den Ausschlag gegenüber allen anderen Gründen, die für einen frühen Schulbeginn angeführt werden könnten. Nur wenn die Schule später beginnt, arbeitet immerhin die Mehrheit der Schüler unter gleichen Voraussetzungen. Sollte sich der Notendurchschnitt dadurch tatsächlich um einen halben Punkt verbessern, wäre das für alle Beteiligten ein großer Erfolg.

12 *zum Beispiel:*
Es muss nicht alles so bleiben, wie es immer schon war: Unsere Großeltern und Eltern mussten manchmal noch um fünf Uhr morgens aufstehen, um rechtzeitig zur Schule zu kommen, wir dagegen sollten die neuen Erkenntnisse der Schlafforschung ernst nehmen und das ändern – zum Besten der Schüler.

Seite 59

1 *Fasse die wichtigsten Kernaussagen aus dem Kommentar „Und die Räder stehen still" zusammen und benenne hierbei auch sprachliche Besonderheiten, mit deren Hilfe der Autor seine Position zum Ausdruck bringt. Erörtere dann unter Einbeziehung des Textes, was man gegen Doping im Sport unternehmen könnte.*

2 *Vergleiche Lösungen zu Aufgabe 3.*

Seite 60

3 *a) zum Beispiel:*

Gedankengang und Hauptargumente
1. Der Radsport gehört noch immer zu den Sportarten, in denen gedopt wird.
***Beleg:** Teilnehmer der Tour de France 2008 des Dopings überführt.*
2. Neuanfang im Radsport durch aktuelle Dopingfälle gescheitert.
***Konsequenz:** Rückzug ganzer Teams.*
3. Der Radsport hat keine Fähigkeit zur Selbstreinigung.
***Beleg:** Dopingsünder fahren weiter, alte Verantwortliche bleiben im Amt.*
4. Das Fernsehen sollte aus der Liveübertragung aussteigen.
***Begründung:** Das Fernsehen verfügt über Druckmittel. Stopp der Werbeeinnahmen würde Sportler und Funktionäre zur Besinnung bringen. Betrug sollte nicht mit Gebührengelder finanziert werden.*
5. Das olympische Komitee muss taktieren.
***Beleg:** Radsport findet bei Olympia statt.*

Sprachliche Auffälligkeiten
1. abwertende Ausrufe am Textanfang
2. Umgangssprache; spricht der Mehrheit der Leser aus dem Herzen
3. abwertende Wortwahl; verdeutlicht die Position des Kommentators
4. rhetorische Frage; ironisiert die Entscheidung des Komitees, fordert zum Nachdenken auf

3 *b) zum Beispiel:*

***Argument aus dem Kommentar:** Die Medien, insbesondere das Fernsehen, sollten auf die Berichterstattung verzichten und damit die Sportler und Funktionäre zur Besinnung bringen. Der Radsport wird sich nur erneuern, wenn ihm die Einnahmen wegbrechen. **Stützung durch eigene Beobachtung:** In kaum einer anderen Sportart sind die Akteure so sehr zu menschlichen Werbeflächen geworden wie im Rad- und Rennsport. Selbst im hochbezahlten Fußball heißen die Teams „Bayern München" oder „Bremen" und nicht „Gerolsteiner" oder „Telekom". Die Abhängigkeit von Sponsoren verdeutlicht, wie wichtig das Argument „Geld" ist.*
***Eigenes Argument:** Die Medien sollten noch mehr über die gesundheitlichen Risiken des Dopings aufklären. Gerade junge und beeinflussbare Sportler könnten auf diesem Wege geschützt werden.*
***Eigenes Argument:** Die Strafen für Dopingsünder sollten noch härter ausfallen. Im Sport sollte Fairness das oberste Gebot sind, der Beste sollte gewinnen und nicht ein Betrüger. Außerdem haben Sportler für viele Menschen eine Vorbildfunktion, die sie ernst nehmen sollten.*

4 *zum Beispiel:*

A. Thema „Doping" ist hochaktuell (Dopingvorwürfe bei der Sommerolympiade 2008 in China)
B. Wie kann Doping im Sport bekämpft werden?
I. Textanalyse
1. Die Aktualität des Themas wird aufgezeigt
a) Dopingskandal bei der Tour de France 2008
b) Krise im Profiradsport, vor allem in Deutschland
2. Möglichkeiten der Dopingbekämpfung
a) Selbstreinigung des Radsports gescheitert
b) Verzicht auf Berichterstattung im Fernsehen
c) Verlust der Geldmittel
3. Sprachliche Besonderheiten des Textes
a) Abwertender Ausruf am Textbeginn
b) Abwertende Wortwahl für die Sportbranche
c) Rhetorische Frage am Textende
II. Eigene Stellungnahm: Was kann gegen Doping im Sport unternommen werden?
1. Möglichkeiten der Medien
a) Verzicht auf Berichterstattung
b) Verstärkte Aufklärung über Doping in den Medien
2. Härtere Strafen für Dopingsünder
a) Staat kann Strafen verhängen
b) Sportverbände sollten gegen Doping vorgehen
III. Fazit: Intention des Kommentators kann vorbehaltlos unterstützt und auf andere Sportarten übertragen werden
C. Kampf gegen Doping als Chance, Glaubwürdigkeit wieder herzustellen

5 a) *zum Beispiel:*
Bei der Sommerolympiade 2008 in China konnte man beeindruckende sportliche Leistungen bewundern – aber der Verdacht, dass es nicht immer mit rechten Dingen zuging, ließ einen doch nie ganz los: zu spektakulär waren manche Einzelsiege, zu groß angekündigt waren die nationalen Ziele. Dass das Thema „Doping" im Leistungssport ein brisantes Thema ist, verdeutlicht auch der Kommentar „Und die Räder stehen still" des Sportreporters Raik Hannemann, erschienen am 14. 10. 2008 in Welt-Online. Dieser Zeitungsartikel soll nun zunächst hinsichtlich seiner Argumentation und seiner sprachlichen Gestaltung analysiert werden, bevor Möglichkeiten des Kampfes gegen Doping im Leistungssport zu erörtern sind.

b) *zum Beispiel:*
Der Journalist zeigt die Aktualität des Themas auf, indem er zunächst auf allgemein bekannte Geschehnisse der Tour de France 2008 hinweist, bei der es erneut zu Fällen von Dopingmissbrauch gekommen ist. Anschließend verdeutlicht er die Konsequenzen des Dopings am Beispiel des deutschen Teams „Gerolsteiner", dass sich nach zwei positiven Testergebnissen komplett aus dem Radsport zurückzieht.
Verallgemeinernd führt der Kommentator aus, dass der Profiradsport nicht aus sich selbst heraus dazu in der Lage sei, dem Dopingmissbrauch Herr zu werden. Ja, er vermutet sogar, dass die Verantwortlichen gar nicht ernsthaft an Veränderungen interessiert seien. So fragt er etwa provokant: „wie die Abkehr vom alten System des Radsports gelingen soll ohne ein Eingeständnis früherer Fehler" (Z. 20 f.).
Wirksamer erscheinen dem Kommentator die Möglichkeiten der Medien, insbesondere des Fernsehens. Er plädiert daher für einen Ausstieg aus der Liveberichterstattung und gibt dafür einen Hauptgrund an: „Denn letztlich wird sich nur etwas bewegen, wenn angegriffen wird, um was sich alles dreht im Profiradsport: Geld" (Z. 32 ff.).
Zum Schluss seines Kommentars teilt Raik Hannemann mit, dass IOC-Präsident Jacques Rogge trotz allem zögert, den Radsport als olympische Disziplin auszuschließen. Daraus lässt sich, so Hannemann, ein Verdacht ableiten: Die Olympia-Offiziellen fürchten, dass es auch bei anderen Sportarten nicht mir rechten Dingen zugeht.
Raik Hannemann verdeutlicht seine Argumentation durch vielfältige sprachliche Mittel. Zunächst geht es ihm darum, auf aktuelle Sachverhalte Bezug zu nehmen. Dies leisten ein Zitat (vgl. Z. 8 f.) sowie Fachbegriffe wie „Epo" (Z. 19) oder der Verweis auf bekannte Namen wie Lance Armstrong.
Darüber hinaus will der Sportjournalist ganz deutlich Kritik üben und dabei seine Kritikpunkte hervorheben. So verwendet er beispielsweise den Ausruf „Von wegen Neuanfang!" (Z. 4) ganz bewusst am Anfang, um Aufmerksamkeit zu erzielen. Umgangssprachliche Wendungen, etwa „Doping ohne Ende" (vgl. Z. 4), sowie der abwertende Neologismus „Betrügerbranche" (Z. 27) verstärken die Kritik ebenso wie der Schlussatz, der – obgleich als Aussagesatz formuliert – als rhetorische Frage zu lesen ist.
Ausgehend von dem Kommentar Raik Hannemanns soll nun die Frage erörtert werden, was man gegen das Dopingproblem im Leistungssport unternehmen kann.
Hannemann vertritt die These, dass das Fernsehen über die wirksamsten Mittel dazu verfügt, dem Doping im Radsport einen Riegel vorzuschieben, und er begründet seine These damit, dass es im Radsport um nichts anderes als um Geld gehe. Wenn aber der Geldfluss versiege, könne auch der Sport einen neuen Anfang machen.
Hannemanns Diagnose, es gehe um nichts als Geld, kann ich zunächst mit einer eigenen Beobachtung stützen: In kaum einer anderen Sportart sind die Akteure so sehr zu menschlichen Werbeflächen geworden wie im Rad- und Rennsport. Selbst im hochbezahlten Fußball heißen die Teams nach wie vor „Bayern München" oder „Bremen" und nicht „Gerolsteiner" oder „Telekom". Diese Abhängigkeit von Sponsoren verdeutlicht, wie wichtig das Argument „Geld" im Radsport ist.
Außerdem könnten und sollten die Medien meiner Ansicht nach noch mehr über die gesundheitlichen Risiken des Dopings aufklären. Gerade junge und beeinflussbare Sportler könnten auf diesem Wege geschützt werden.
Ein weiterer Aspekt, den ich hier einbringen möchte, betrifft die Bestrafung von Dopingsündern. Sie sollte meiner Überzeugung nach noch härter ausfallen. Die gesetzlichen Möglichkeiten im Kampf gegen Doping sollten ausgeschöpft, vielleicht sogar erweitert werden. Denn Doping ist eine kriminelle Handlung: Dopingmittel unterliegen oft dem Betäubungsmittelgesetz, durch Doping erschleicht sich der Einzelne Vorteile, die sich z. T. auch im Wortsinn „bezahlt" machen, z. B. bei Preisgeldern und Werbeverträgen, und wenn Trainer und Betreuer die Risiken des Dopings verharmlosen, gefährden sie die Gesundheit und das Leben der Athleten.
Fast noch wichtiger erscheint mir jedoch, dass Vereine und Verbände, die im Leistungssportbereich agieren, sich dem Kampf gegen Doping verschreiben. Sperren für Dopingsünder sollten ohne Rücksichtnahme auf den Bekanntheitsgrad des jeweiligen Sportlers ausgesprochen werden und die Dauer der Sperre sollte wirklich abschreckend sein, damit auch eine Wirkung erzielt wird. Fraglich ist, ob eine Sperre für z. B. nur eine Saison wirklich dieser Zielsetzung dient. Weshalb ist beispielsweise Lance Armstrong, von dem im Kommentar gesprochen wird, nicht lebenslang gesperrt?
Schließlich beeinflussen Vereine und Verbände aber auch das Leben von Kindern und Jugendlichen. Sie haben Vorbildfunktion und sollten nicht nur frühzeitig auf die Risiken von Dopingmitteln hinweisen, sondern Doping ohne Wenn und Aber ächten, weil es die Idee eines fairen Sports zerstört.
Die Rolle der Medien wird von Raik Hannemann zurecht besonders betont. „Doping-Sportarten" gehören nicht ins Fernsehen. Dass hierzu bereits erste Beschlüsse gefallen und Entscheidungen getroffen wurden, stimmt hoffnungsvoll, reicht aber nicht aus.
Die Medien sollten zugleich ihre Berichterstattung über Doping intensivieren. Die gesundheitlichen Spätfolgen würden den Sportfans bewusster und die Bereitschaft, auch einmal auf die Übertragung eines Sportereignisses zu verzichten, wäre größer. Zudem sollten sich auch Vereine und Verbände ihrer erzieherischen Aufgabe stellen.

c) *zum Beispiel:*
Die Menschen lieben den Sport, das belegen die Einschaltquoten bei vielen sportlichen Großereignissen, sei es bei Olympia, bei einer Fußball-Weltmeisterschaft, bei der Tour de France oder bei einem Endspiel in Wimbledon. Viele, vor allem junge Leute, identifizieren sich mit den Helden ihrer Lieblingssportart und möchten ihnen nacheifern. Für einen überführten Dopingsünder aber oder für einen astronomischen Anabolika-Weltrekord interessiert sich in Wirklichkeit doch niemand. Der Sport hat nur eine Chance, wenn er sauber bleibt oder wieder sauber wird. Dann, und nur dann, schalte ich auch gerne den Fernseher wieder an.

Seite 62

1 a) *zum Beispiel:*
situativ (Z. 10): aus der jeweiligen Situation heraus; wie es sich gerade ergibt
Sozialkompetenz (Z. 26): Fähigkeit, mit anderen Menschen auszukommen

b) *Z. 1–5: Benimm-Unterricht an saarländischen Schulen eingeführt*
Z. 6–15: „Benimm-Regeln" im regulären Unterricht; Arbeitsgruppe für Disziplin
Z. 16–27: Bildungsminister erklärt Defizite zu Spätfolge der Achtundsechziger; damals Autorität, Respekt, Tugenden in Frage gestellt; Vermittlung von Sozialkompetenz zentrales Anliegen
Z. 28–36: Anstand nicht für Schule, sondern fürs Leben; Vorbereitung auf das Berufsleben
Z. 37–41: Bremen schließt sich Saarland an
Z. 42–52: Fach UVB in Bremen; nur Direktor erteilt Unterricht

Seite 63

2 *zum Beispiel:*
Der Spiegel-Online-Kommentar „Aller Anstand ist schwer" vom 21. August 2003 nimmt kritisch Stellung zu der aktuellen Diskussion um die Notwendigkeit von Benimmunterricht für Schülerinnen und Schüler.

Seite 64

3 *a) und b) zum Beispiel:*
Stellungnahmen des Autors:
- □ *„Hände aus den Taschen! Mütze ab! Haltung annehmen! Die Rabauken unter Deutschlands Schülern sollen wieder Disziplin und Ordnung lernen: [...]" (Z. 1–3).*
- □ *„Um welche Inhalte es dabei konkret geht, weiß noch keiner so genau." (Z. 11 f.).*
- □ *„Nicht nur für die Schule, sondern für das Leben soll die neue Anständigkeit taugen: [...]" (Z. 33 f.).*
- □ *„Autorität ist schließlich die Hauptsache, wenn gutes Benehmen Schule machen soll. Dann klappt's auch wieder mit dem Lernen, glauben die Tugend-Freunde" (Z. 50 ff.).*

Fakten und Hintergründe *bestimmen den übrigen Kommentar Jörg Hackhausens.*

4 *zum Beispiel:*
- □ *Überschrift: Ironisches Wortspiel in Anlehnung an „Aller Anfang ist schwer" → zeigt die Distanz des Autors zum Thema*
- □ *Zeile 1–3: Übertreibungen und altmodische Ausdrücke verweisen auf Antiquiertheit der Sichtweisen und Maßnahmen der Bildungspolitiker.*
- □ *Zeile 11 f.: Spott*
- □ *Zeile 14 f.: Umgangssprachliche Wendung, Imitation von Stammtischjargon*
- □ *Zeile 50 ff.: Ironie; nicht die Autorität, sondern die Inhalte sollten im Vordergrund stehen.*

5 *zum Beispiel:*
Der Autor will die Fragwürdigkeit der geplanten Benimmkurse aufdecken. Er lässt wiederholt durchblicken, dass er die Konzepte und Zielvorstellungen der Bildungspolitiker für nicht zeitgemäß, ja sogar für einen Rückschritt hält. Damit verfolgt er die Absicht, den Widerspruch seiner Leserinnen und Leser gegen die geplanten Benimmkurse zu wecken.

6 *zum Beispiel:*
Einsatz von rhetorischen Mitteln wie Ironie und Spott („Tugend-Freunde", Z. 52), Wortspiele („Aller Anstand ist schwer", Überschrift), umgangssprachliche Wendungen („Lümmel", Z. 14) und persönliche Stellungnahmen im Text („weiß noch keiner so genau", Z. 11 f.).

Seite 65

1 a) *Verfasse einen Kommentar für eine Zeitung, in dem du zu der folgenden Aussage Stellung nimmst: „Wenn Erwachsen gute Vorbilder wären, gäbe es die Diskussion um einen Benimmunterricht nicht." Beziehe in deine Argumentation sowohl die Informationen aus dem Text (...) als auch dein eigenes Wissen mit ein.*

b)
- ✗ *Ich soll meine Meinung zu der in der Aufgabenstellung formulierten Aussage begründet darlegen.*
- ▪ *Ich soll einen Leserbrief an eine Zeitung schreiben, in dem ich begründet Stellung nehme.*
- ✗ *Ich soll die Texte auf den Seiten 65 f. lesen und geeignete Informationen (z. B. Argumente und Beispiele) für meinen Aufsatz nutzen.*
- ✗ *Ich soll eigene Argumente und Beispiele ergänzen, die meine Meinung unterstützen.*
- ▪ *In meinen Kommentar sollen keine Informationen über die Hintergründe und Zusammenhänge des Themas (Benimmunterricht) einfließen.*
- ✗ *Ich muss die besonderen Merkmale eines Kommentars berücksichtigen.*

Seite 67

3 *Vergleiche die Lösung zu Aufgabe 10.*

4 *zum Beispiel:*

A. Klagen über das schlechte Benehmen der Jugend sind schon bei Sokrates zu finden; derzeit aktuelle Diskussion über einen Benimmunterricht.
B. Wenn Eltern gute Vorbilder wären, gäbe es die Diskussion um einen Benimmunterricht gar nicht.
I. Kindern und Jugendlichen fehlen positive erwachsene Vorbilder.
1. Junge Leute ärgern sich über das schlechte Benehmen Erwachsener, z. B. über Unhöflichkeit, Rücksichtslosigkeit im Straßenverkehr usw.
2. Gute Vorbilder machen einen Benimmunterricht überflüssig.
3. Benimmunterricht ohne gute erwachsene Vorbilder ist nicht ausreichend.
II. Kinder erlernen gutes Benehmen und Höflichkeit von Eltern bzw. erwachsenen Vorbildern.
1. Auf Grund von Berufstätigkeit und Zeitmangel oft falsche oder mangelhafte Erziehung.
2. Kinder erlernen guten Benehmen durch Nachahmung und ständiges praktisches Einüben, nicht durch Appelle.
3. Das Zusammenspiel von schulischer Werteerziehung und vorbildhaften Eltern ist wichtig.
C. Gutes Benehmen ist nicht allein Sache der Jugend. Appell: Erwachsene benehmt euch!

Seite 68

5 *zum Beispiel:*

Unsere Erwachsenen stehen unter Schock: Die Jugendlichen haben kein Benehmen mehr. Dabei ist das Problem nicht neu. Schon Sokrates wusste: „Unsere Jugend liebt den Luxus, hat schlechte Manieren und keinen Respekt vor dem Alter. Sie stehen nicht auf, wenn ein Älterer das Zimmer betritt. Sie widersprechen den Eltern, schlürfen beim Essen und quälen ihre Lehrer." Aber jetzt soll das Problem endlich gelöst werden: Bildungspolitiker wollen dem Sittenverfall der Jugend ein für alle Mal Einhalt gebieten und Benimmunterricht an den Schulen einführen. Dabei bemerken sie gar nicht, dass das Problem längst generationenübergreifend grassiert. Denn aus den Jugendlichen von gestern sind mittlerweile Erwachsene geworden, und dass diese häufig noch enorme Defizite in Sachen gutes Benehmen aufzuweisen haben, davon kann so manches Kind ein Liedchen singen.

6 *zum Beispiel:*

Erwachsene, benehmt euch endlich!

Kein Mensch will bezweifeln, dass ein gutes Benehmen wichtig ist. Das gilt nicht nur für das Zusammensein in der Schule und im späteren Beruf, sondern grundsätzlich für ein gutes Miteinander in der Gesellschaft. Dafür brauchen Kinder und Jugendliche aber keinen Benimmunterricht, sondern positive erwachsene Vorbilder, die Werte und gutes Benehmen vorleben. Aber gibt es diese positiven Vorbilder für uns? Schauen wir uns einmal an, was Kinder dazu sagen. Laut einer aktuellen Umfrage des Marktforschungsinstituts iconkids & youth sind Kinder vom schlechten Benehmen der Erwachsenen zunehmend genervt. 71,2 % aller befragten Kinder beklagen sich über vordrängelnde Erwachsene und 56,2 % vermissen bei Erwachsenen „Bitte" und „Danke", die kleinen Wörter mit der angeblich doch so großen Wirkung. 70,6 % stinkt es zudem gewaltig, dass die Älteren ihre Zigarettenkippen auf den Spielplatz werfen und unbekümmert dort ihre Hunde den Sand verdrecken lassen. Und immerhin fast die Hälfte aller Kinder und Jugendlichen ärgert sich über rasende Autofahrer, die als Möchtegern-Schuhmänner die Straßen und ihr Leben unsicher machen.

Kein Wunder, dass unlängst auch der „Verband Bildung und Erziehung" (VBE) Baden-Württemberg wach geworden ist und fehlende erwachsene Vorbilder in Sachen Benehmen bemängelt hat. „Kinder und Jugendliche brauchen auf dem Stundenplan keinen Benimmunterricht, sondern in erster Linie Erwachsene, die ihnen durch ihr Verhalten vormachen, was gutes Benehmen ist", war der Verbandssprecher zu hören. Das meint auch die Schülerin Stephanie Stuckmann aus der 9. Klasse der Ganztagsschule Hegholt, die, wie viele andere von uns auch, ketzerisch fragt: „Was nützt es, gutes Benehmen im Unterricht zu trainieren, wenn ansonsten die Vorbilder fehlen?"

Was Hans nicht kann, kann Hänschen auch nicht von ihm lernen. Denn allen ist mehr als klar: Kinder erlernen gutes Benehmen und Höflichkeit von Eltern bzw. erwachsenen Vorbildern. Also Leute, erzieht uns richtig!

Doch da liegt das Problem, meint nicht nur die Schülerin Stephanie Stuckmann, die schlechtes Benehmen bei Kindern und Jugendlichen auf falsche oder besser gesagt mangelnde Erziehung zurückführt. Denn viele Eltern haben auf Grund ihrer Berufstätigkeit immer weniger Zeit für ihre Kinder. Die müssten sie sich aber schon nehmen, denn gutes Benehmen lernt man nun einmal nicht durch freundliche oder gestrenge Appelle, sondern durch ständiges praktisches Einüben alltäglicher Situationen, wie der VEB-Sprecher nicht müde wird zu betonen. Kinder lassen sich nicht hinters Licht führen und merken sehr schnell, wovon ihre Eltern tatsächlich überzeugt sind. Sie beobachten genau deren Umgang mit anderen und ahmen sie letztlich nur nach. Eltern und Erwachsene sollten also tatsächlich immer erst einmal sich selbst kritisch fragen, wie sie mit anderen umgehen und welches Benehmen sie dabei ihren Kindern vorleben. Kaum ein Kind wird sich ernsthaft an das Gegenteil halten. Die Erwachsenen können sich aus ihrer Pflicht, Vorbild für ihre Kinder zu sein, nicht einfach davonstehlen und hoffen, dass die Schulen ihnen diese Aufgabe abnehmen. Zu Recht macht daher auch der VEB-Sprecher darauf aufmerksam, dass die Schule mit der Werteerziehung heillos überfordert sei, wenn das soziale Umfeld der Schüler nicht entsprechend mitziehe. Schule und Elternhaus müssen hier zusammenspielen, wollen sie glaubwürdig und erfolgreich sein. Solange es aber flegelhafte Erwachsene gibt, werden Kinder und Jugendliche sich auch nicht besser verhalten.

Seite 69

7 *zum Beispiel:*

Gutes Benehmen kann nicht allein eine Sache der Jugend sein, denn Alter schützt vorm Flegeln nicht. Soll sich wirklich in unserer Gesellschaft etwas ändern, dann müssen die Erwachsenen endlich lernen, sich auch an die eigene Nase zu fassen. Also: Erwachsene benehmt euch und seid uns endlich ein Vorbild!

8 *Vergleiche Lösung zu Aufgabe 12.*

Seite 70

1 *Verfasse einen Kommentar für eine Zeitung, in dem du Stellung zum Thema „Generation Nesthocker" nimmst. Beziehe in deine Argumentation sowohl die Informationen aus den beiden Texten als auch dein eigenes Wissen mit ein.*

Seite 71

3 *zum Beispiel:*
Generation Nesthocker: Zu viel Fürsorge, zu wenig Streit
Der Text „Generation Nesthocker" stellt einen direkten Zusammenhang zwischen dem späten Ausziehen von zu Hause und der psychischen Reife und Selbstständigkeit von Jugendlichen her. Als Gründe dafür werden genannt, dass die Jugendlichen, die zu Hause bleiben, wie kleine Kinder verwöhnt werden und sich nicht weiterentwickeln.

Fehlt die Spannung zwischen den Generationen?
Dass es heute weniger Spannungen zwischen den Generationen gibt, liegt laut dem Text „Fehlt die Spannung zwischen den Generationen?" nicht nur an den Jugendlichen, sondern auch daran, dass die Eltern immer stärker versuchen, jung und jugendlich zu bleiben und damit den Jugendlichen die Möglichkeit nehmen, sich abzugrenzen.

4 *zum Beispiel:*
Ich bin der Meinung, dass man sich von den vielen Studien nicht beunruhigen lassen sollte. Die Jugendlichen sollten zu dem Zeitpunkt von zu Hause ausziehen, den sie als geeignet empfinden.

5 *a) und b) Vergleiche die Lösung zu Aufgabe 6.*

6 *zum Beispiel:*
A. Jugendliche leben immer länger zu Hause – sind sie zu bequem und unselbstständig?
B. Jugendliche sollten zu dem Zeitpunkt von zu Hause ausziehen, den sie als geeignet empfinden.
- *I. Die gesellschaftliche Veränderungen machen ein längeres Zusammenleben sinnvoll.*
  - *Es gibt nicht immer einen Arbeits- oder Ausbildungsplatz.*
  - *Die Mieten sind teurer geworden.*
  - *Eltern werden immer älter und hilfsbedürftiger.*
  - *Das Modell „Großfamilie" bedeutet gegenseitige Hilfe und Unterstützung.*
- *II. Die Generationen nähern sich einander auf positive Weise an.*
  - *Jugendliche und Eltern verstehen sich gut. Warum sollten sie sich trennen?*
  - *Jugendliche akzeptieren das Erziehungskonzept ihrer Eltern.*
  - *Eltern interessieren sich für ähnliche Dinge wie ihre Kinder; Juvenalisierung ist auch gut.*

C. Gesellschaftliche Entwicklungen lassen sich kaum aufhalten. Appell: Vertrauen in die Jugend haben!

7 *a) zum Beispiel:*
Jugendliche, so verraten uns Statistiken, wohnen immer länger zu Hause im „Hotel Mama". In den wilden 1970er Jahren zogen Jugendliche im Schnitt fast zehn Jahre früher von zu Hause aus. Doch das ist lange her. Sind die Jugendlichen heute nicht mehr wild genug? Sind sie zu zahm, zu bequem und zu unselbstständig?

b) zum Beispiel:
Die Gründe, warum Jugendliche heute länger bei den Eltern wohnen, sind vielfältig. Besonders finanzielle Aspekte spielen bei langen Studien- und Ausbildungszeiten eine wichtige Rolle. In Zeiten angespannter Arbeitsmärkte wächst das Bedürfnis, zuerst erfolgreich in das Berufsleben einzusteigen, bevor man eine eigene Familie gründet oder auch nur eine eigene Wohnung bezieht. Über diese praktische Seite des Zusammenlebens im Namen eines diffusen Freiheitsdranges die Nase zu rümpfen, erscheint mir ganz sinnlos und ungerecht, zumal man auch zu Hause Verantwortung übernehmen kann. So gibt es immer mehr junge Leute, die ihre Eltern zu Hause unterstützen. Man kann also von einem Geben und Nehmen reden, von dem beide Parteien, Eltern wie Kinder, profitieren.
Die Eltern tragen übrigens, beschweren sich Wissenschaftler, durch ihr Verhalten ihren Teil dazu bei, dass ihre Sprösslinge nicht flügge werden wollen. Sie bieten nämliche keine Reibungspunkte mehr. Die Wissenschaftler sprechen von einer Juvenalisierung der Elterngeneration. Mama hört Hip-Hop, Papa spielt Computerspiele und alle fühlen sich jung und cool. Das macht es den Jugendlichen schwer, sich von den Erwachsenen abzugrenzen und zu lösen. Dabei wäre gerade die Abgrenzung durch Konflikte, so die Wissenschaftler, wichtig für den Reifungsprozess der Jugendlichen und deren Selbstständigkeit.
Tatsache ist aber auch, dass sich das Verhältnis zwischen den Generationen gewandelt hat. Der heutige Erziehungsstil wird von den Jugendlichen weitgehend akzeptiert, was zu weniger Spannungen führt. Und warum sollen Jugendliche ausziehen, wenn sie ein gutes Verhältnis zu ihren Eltern haben, sich beide Seiten wohlfühlen und die finanzielle Situation für Eltern wie Kinder entspannt ist?

c) zum Beispiel:
Es scheint, als können Jugendliche es nie allen Erwachsenen recht machen. Ziehen sie früh aus, dann sollen sie sehen, wo sie bleiben. Ziehen sie spät aus, spottet man über ihre Unselbstständigkeit. Vielleicht sollten wir den Jugendlichen zutrauen, die richtige Entscheidung zu treffen, und uns weniger durch Studien verrückt machen lassen. Gesellschaftliche Entwicklungen lassen sich durch Appelle ohnehin nicht aufhalten. Vertrauen wir doch einfach auf die Jugend!

d) zum Beispiel:
Nestflüchter? Nicht um jeden Preis!

Seite 73

1 *Immer wieder erschüttern Schlagzeilen von besonders gewalttätigen Kindern und Jugendlichen unsere Gesellschaft. Soll das Jugendstrafrecht verschärft werden und die Altersgrenze für eine Strafmündigkeit von 14 auf 12 Jahre herabgesetzt werden?*

Seite 75

3 *zum Beispiel:*
- *Richter Kropp setzt auf Abschreckung, um Wiederholungstaten zu vermeiden.*
- *80 % der Ersttäter erfolgreich abgeschreckt*
- *Verhältnismäßigkeit, Unterbringung teuer, sozialpädagogische Betreuung sinnvoller*

Seite 76

4 *zum Beispiel:*
- *Mit 14 Jahren ist man in Deutschland strafmündig. In der Zeit zwischen 14 und 18 gilt das Jugendstrafrecht, nach dem in jedem einzelnen Fall geprüft wird, ob der Täter strafrechtlich verantwortlich ist, d. h., ob er fähig ist, seine Handlung als strafbares Unrecht einzusehen.*
- *Pro: Der steigenden Jugendkriminalität mit Abschreckung begegnen.*
- *Kontra: Reife der Jugendlichen heute eher verzögert.*

5 *zum Beispiel:*
Pro: Gründe für Verschärfung des Jugendstrafrechts
- *Jugendkriminalität nimmt seit den 1990er Jahren beängstigend zu, Jugendhilferecht reicht nicht mehr aus (vgl. Text C, Z. 22–27). Abschreckende Strafen sinnvoll.*
- *Absenkung des Strafmündigkeitsalters im internationalen Trend, vgl. Großbritannien und Frankreich: in beiden Ländern unbedingte Strafmündigkeit ab 10 Jahren (vgl. Text C, Z. 39–45).*
- *Junge Menschen heute durch Schulbildung reifer und einsichtsfähiger als früher (vgl. Text C, Z. 29–31).*

Kontra: Gründe gegen Verschärfung des Jugendstrafrechts
- *Der vorhandene Strafrahmen wird oft nicht ausgenutzt (vgl. Text A, Z. 32–35).*
- *Spanien hat die gleiche Regelung wie Deutschland, Belgien hat Strafrecht für unter 18-Jährige sogar komplett abgeschafft (vgl. Text C, Z. 32–39).*
- *Trotz früher einsetzender Pubertät und intensiver Schulbildung sind junge Menschen heute nicht automatisch auch früher in emotionaler, moralischer und sozialer Hinsicht reifer; Reife heute durch Werteumbrüche, Familienstrukturen etc. eher verzögert (vgl. Text C, Z. 47–67). Schulbildungsargument ist durch Pisa-Studien widerlegt (Text C, Z. 63–66). Geschlossene Unterbringung teuer; nur mit pädagogischer Betreuung (vgl. Text C, Z. 78–83).*
- *Es gibt bundesweit nur etwa 100 bis 500 Intensivtäter (vgl. Text C, Z. 91 f.).*

Seite 77

6 *zum Beispiel:*
Eröffnungsrunde
Chancen: Man erhält Überblick über den gegnerischen Argumentationsaufbau; Zeit zum angemessenen Reagieren.
Gefahren: Verlangt Konzentration und Selbstbeherrschung! Das gegnerische Argument muss erfasst und memoriert werden, man darf noch nicht spontan antworten.
Freie Aussprache
Chancen: Lücken in der bisherigen Argumentationsstruktur können geschlossen werden. Gegenargumente können entkräftet werden.
Gefahren: Verlust der Gesprächsdisziplin; es streiten nur noch die stärksten Redner. Zuhörbereitschaft lässt nach, unsachliche „Ausfälle“ nehmen zu.
Abschlussrunde
Chancen: Möglichkeit, der eigenen Position noch einmal gezielt Nachdruck zu verleihen. Überzeugendes Absetzen von der gegnerischen Position, ggf. auch rechtzeitige Modifikation (Einschränkung).
Gefahren: Wiederholen schon zuvor gebrachter Statements; Argumente ohne rhetorisch geschickten Einbezug der vorangegangenen Debatte.

Seite 78

7 *zum Beispiel:*
Pro Verschärfung des Jugendstrafrechts
Oberbegriff: Abschreckung durch härtere Strafen
Unterpunkte:
- *Anlass: Immer mehr Jugendliche kriminell*
- *Begründung: Jugendliche durch Schulbildung heute reifer*
- *Begründung: Harte Strafen zeitigen Erfolge*
- *Beispiel: Ausland hat das Alter der Strafmündigkeit drastisch gesenkt*

Kontra Verschärfung des Jugendstrafrechts
Oberbegriff: Jugendliche sind heute nicht früher „reif"
Unterpunkte:
- ☐ *Erläuterung: Jugendstrafrecht greift nur bei Einsichtsfähigkeit*
- ☐ *Begründung: Einsichtsfähigkeit nicht gegeben wegen Werteumbrüchen, Familienzerfall etc.*
- ☐ *Begründung: Pisa-Studie weist eher Unreife aus*
- ☐ *Beispiel: Abschaffung des Jugendstrafrechts in Belgien*

8 *Für die Formulierung der Argumentationskarten lassen sich die Lösungen zu Aufgabe 5 und 7 heranziehen.*

9 *a)* ***These:*** *Ich bin dafür, dass das Jugendstrafrecht verschärft wird, denn die steigende Jugendkriminalität macht deutlich, dass das bisherige Recht ganz offensichtlich nicht mehr ausreicht.*
Beispiel: *Es häufen sich Nachrichten wie die von den beiden Jugendlichen, die an einer Münchener S-Bahn zuerst Kinder bedroht und dann einen Geschäftsmann brutal zu Tode geprügelt haben, nur weil dieser den Kindern helfen wollte.*
Weiter Erläuterung: *Der Fall hat ganz Deutschland aufgeschreckt. Die Täter waren schon vorher der Polizei bekannt wegen räuberischer Erpressung, Diebstahl, Drogenhandel und Körperverletzung.*
Berufung auf Autorität: *Ein thüringischer Jugendrichter namens Kropp, der bekannt für seine harten Urteile ist, sagt da ganz zu Recht, dass wir am Anfang einer kriminellen Karriere Härte brauchen und nicht zum Schluss, wenn alles schon zu spät ist.*

b) zum Beispiel:
Ich vertrete die Meinung, dass das aktuelle Jugendstrafrecht vollkommen ausreichend ist. Die Möglichkeiten des Gesetzes werden, wie Jugendrichter Knopp ausführt, nur oft nicht ausgeschöpft. Das bestehende Jugendstrafrecht bietet zahlreiche Optionen, von denen ich mir mehr Wirkung und Erfolg verspreche als von einer Haftstrafe. Wenn Richter Knopp einen „Nazi-Jünger" zur Lektüre einer kritischen Hitler-Biografie sowie zu zahlreichen Arbeitsstunden in einem Aussiedlerheim verurteilt, dann kann das wichtige gedankliche Prozesse auslösen. Seine Erfolgsquote jedenfalls gibt Richter Knopp und seinem Ansatz Recht.

Seite 79

11

Beobachtungsbogen	*+*	*0*	*–*	*Notizen*
1. Inhalt:				
☐ *Daten, Fakten, Hintergrundwissen geliefert*				
☐ *Beispiele, Belege erbracht*				
☐ *eigene Erfahrungen eingebunden*				
☐ *klare, gedankliche Auseinandersetzung mit dem Thema*				
2. Argumentation				
☐ *Vollständigkeit: Behauptung, Begründung, Beispiel*				
☐ *klarer Aufbau, Reihenfolge der Argumente*				
☐ *Stimmigkeit*				
3. Sprache				
☐ *verständlich*				
☐ *anschaulich*				
☐ *präzise*				
4. Gesprächsverhalten				
☐ *andere ausreden lassen*				
☐ *eigene Redezeit einhalten*				
☐ *auf Gegenargumente eingehen*				
☐ *souverän*				
☐ *aktiv*				

12 a) *Wiederholung der These, Einschränkung, Berufung auf Faktenlage, Appell, Entkraftung der gegnerischen Position, Berufung auf Experten, Beleg*

b) *zum Beispiel:*
Die vorgebrachten Argumente haben mich in meiner Ansicht lediglich bestärkt: Eine Verschärfung des Jugendstrafrechts ist nicht nur unnötig, sie birgt sogar Gefahren.
Ich gebe selbstverständlich zu, dass die drastische Gewaltbereitschaft von Intensivtätern erschreckend ist und dass alles getan werden muss, um die Gewalt in unserer Gesellschaft einzudämmen. Aber da die Zahl der Intensivtäter laut Einschätzungen von Fachleuten nur sehr gering ist, stellt sich doch die Frage: Wer wird die Verschärfung des Jugendstrafrechts zu spüren bekommen? Etwa jugendliche Ersttäter?
Da es unbestritten ist, dass eine längere Haftstrafe oft erst der Beginn einer kriminellen Abwärtsspirale ist, stellt sich die Frage nach erfolgreichen Alternativen umso dringender.
Und ich bin sicher, dass die Möglichkeiten der Erziehung und der sozialpädogischen Hilfe noch lange nicht ausgeschöpft sind.
Die Gesellschaft muss junge Leute auffangen, bevor sie straffällig werden. Aus meiner Sicht heißt das Zauberwort daher: Prävention!

Erweiterte Inhaltsangaben schreiben

Die erweiterte Inhaltsangabe eines Sachtextes schreiben

Den Inhalt des Textes verstehen

Die erweiterte Inhaltsangabe eines Sachtextes informiert kurz und sachlich über den Inhalt und den Gedankengang des Textes (z. B. ein Text aus einer Zeitung oder einer Zeitschrift) **und bearbeitet zusätzlich eine weiterführende Aufgabe zum Text,** z. B. ausführliche Behandlung eines weiteren Untersuchungsaspekts (z. B. Zuordnung zu einer Textsorte, sprachliche Gestaltung und/oder Argumentationsstruktur des Textes, Aussageabsicht der Autorin/des Autors) oder Erörterung einer zentralen Textaussage.
In diesem Kapitel übst du:
- wie du die zentralen Informationen und den Gedankengang eines Sachtextes erfassen kannst,
- wie du Schritt für Schritt die erweiterte Inhaltsangabe schreibst,
- wie du deinen Aufsatz überarbeiten und verbessern kannst.

Rebellion gegen die Schwerkraft

Im Extremsport „Parkour" geht es darum, über die Häuser zu ziehen. *Von Yoko Rückerl*

Berlin. Die Männer sind auf der Flucht, keuchend rennen sie um ihr Leben. Hindernissen weichen sie nicht aus, sie rennen einfach darüber hinweg – was es auch sein mag. Sie springen über Zäune, Geländer und Gräben, hasten über Bushaltestellen, Autos und Mauern, klettern gar Häuserwände hoch und entkommen so ihren Verfolgern. Die Szene aus dem von Luc Besson produzierten Kinofilm „Yamakasi – Die Samurai der Moderne" revolutionierte einen Sport, der nicht neu und trotzdem noch unbekannt ist: Parkour. Dabei werden auf einem Weg von A zum selbst gewählten Ziel B alle Hindernisse scheinbar mühelos überwunden. Pfützen, Papierkörbe, Bänke, Blumenbeete und Mülltonnen, Bauzäune, Mauern, Litfaßsäulen, Garagen und unter Umständen Hochhäuser und Hochhausschluchten werden übersprungen und überklettert. Die städtische Architektur soll allein durch Körperkraft bezwungen werden.
Als der damals 15-jährige Steven den Film im Jahr 2001 im Kino sieht, ist ihm klar: „Das will ich auch können." Die sieben Yamakasi beeindrucken den Schweizer durch ihre Eleganz und Ästhetik, mit der sie wie Spiderman beinahe schwerelos alle Hindernisse überwinden, die ihnen in Stadt oder Wald unter Füße und Hände kommen. Zäune und Mauern ignorieren, Passanten mit waghalsigen Sprüngen schocken: Die

Rebellion gegen Grenzen zieht Steven magisch an. Er sieht jede Reportage, sucht nach Artikeln und diskutiert mit anderen in Internet-Foren. Seinen ersten Parkour-Moment hat er in Paris. „Da begriff ich, worum es wirklich geht." Zu Beginn geht es ihm noch um Coolness, darum, anders zu sein. „Sich nicht vorschreiben zu lassen, wo der Weg anfängt und wo er aufhört, und dabei noch gut auszusehen", sagt er.

Höhenangst als größter Feind

In Frankreich, dem Land des Parkour, hat Steven Glück. Er trifft die Richtigen und lernt, dass es denen egal ist, wie sie bei ihrem Sport aussehen. Den Traceurs („die den Weg ebnen"), wie sich die Läufer nennen, geht es um mentale und physische Freiheit. „Die eigenen Grenzen aufbrechen, das Ausblenden und gleichzeitige Verschmelzen mit der Umwelt, das ist unser Kick", sagt Steven. Er lernt gleich von dem Größten des Sports: David Belle.

Das Szene-Idol gilt als Begründer des Parkour. Sein Vater Raymond brachte ihm bereits im Kindesalter in den Wäldern Nordfrankreichs den Sport bei. Der ehemalige Vietnam-Soldat lehrte ihn die „méthode naturelle", ein Überlebenstraining mit dem Ziel, dem Gegner schnellstmöglich zu entkommen. Dabei stehen das Hindernis und das Einswerden mit der Natur im Vordergrund. Nach dem Umzug der Familie nach Paris trainierte David weiter. Die Hindernisse waren nun Häuser. Über die zog er dann auch mit dem Schweizer Steven. „Wahnsinn, was David für eine Körperbeherrschung hat", sagt Steven. Die zeigte David auch im Film „Ghettogangz – Die Hölle vor Paris", wieder von Besson, der David 2004 endgültig zur Ikone der Szene stilisierte.

Steven hat heute, mit 21 und vielen Trainingsstunden, ein anderes Verständnis von Parkour. Es geht nicht darum, von Dach zu Dach zu springen, durch fremde Gärten zu rennen und mit Land- oder Hausfriedensbruch seine Wildheit zu zeigen. „Es geht vor allem darum, geistige und körperliche Grenzen zu überwinden", sagt der Soziologiestudent. Der Kopf ist das größte Hindernis, die Überwindung der Angst der stärkste Reiz. In Basel trainiert der Traceur mindestens viermal in der Woche, oft bis zu fünf Stunden am Tag. Immer gibt es neue Ziele, höhere Gerüste, Äste, Mauern. Und immer muss er seine Höhenangst überwinden, sie ist sein größter Feind.

„Ich wär' schon längst tot"

Dabei steht Respekt vor der Umwelt und dem Körper im Vordergrund. „Wüsste ich nicht, wie weit ich springen kann, wäre ich schon längst tot", sagt Steven. Eine realistische Selbsteinschätzung gehört zum Überlebenskonzept. An blauen Flecken mangelt es trotzdem nicht, etwa wenn ein Geländer verfehlt und das Schienbein geprellt wird.

Stevens größtes Ziel ist es, Parkour vom Rowdy-Image zu befreien. „Wir machen nichts kaputt", sagt Steven. „Und wenn uns die Polizei verscheucht, gehen wir eben." Nur kommen sie auch wieder. Von einem guten Parkour-Gelände lassen sich leidenschaftliche Traceurs nur schwer fernhalten. „Das ist, als ob man einem Fastenden ständig sein Leibgericht unter die Nase hält. Er wird früher oder später reinbeißen. Er muss einfach", sagt Steven. Dazu kommt auch ein kleiner Protest gegen private und vor allem kommerzielle Nutzung öffentlichen Raums.

Steven kennt beinahe alle „Parkour-Hot-Spots" in Deutschland: die Uni-Gelände in Stuttgart und Bochum, den Landschaftspark in Duisburg, das Olympiadorf in München, das Velodrom in Berlin. Trotzdem kommt es vor, dass die Extremsportler auch mal durch einen Garten rennen. Zu einer Anzeige wegen Hausfriedensbruch kommt es seltener als zu Bänderrissen – dafür sind sie einfach zu schnell wieder weg.

Quelle: Berliner Zeitung, 25. 8. 2006

1 *Nur wenn du den Inhalt eines Textes genau verstanden hast, kannst du ihn zusammenfassen und die weiterführende Aufgabe beantworten. Erarbeite dir ein genaues Verständnis des Textes (▷ Seite 3–4). Gehe so vor:*

a) Lies den Text durch. Kläre dann Begriffe, die du nicht verstehst, z. B. aus dem Textzusammenhang.

b) Lies den Text erneut und markiere die wichtigsten Informationen. Notiere in der Randspalte Stichpunkte zum Inhalt eines jeden Abschnitts. Diese Stichpunkte geben dir einen Überblick über den Text und helfen dir später bei der Zusammenfassung.

2 *Mache dir noch einmal den Inhalt des Textes deutlich, indem du die folgenden W-Fragen zum Text beantwortest:*

- Was ist „Parkour"?

____

____

____

- Woher kommt diese Sportart und wie wurde sie bekannt?

____

____

____

- Was fasziniert Steven an der Sportart „Parkour"?

____

____

____

____

- Was ist bei dieser Sportart besonders wichtig, um sich nicht in Gefahr zu bringen?

____

____

____

3 *Kreuze an, welcher Satz die Kernaussage des Textes „Rebellion gegen die Schwerkraft"* (▷ *S. 3–4*) *am besten zusammenfasst.*

☐ Der Text informiert über die Entstehung der Extremsportart „Parkour" und erklärt, welche körperlichen Voraussetzungen man haben muss, um diese Sportart auszuüben, und welche Ziele „Parkour"-Sportler haben.

☐ Der Text informiert über den Ursprung und die Hintergründe der Extremsportart „Parkour" und schildert anhand der Erfahrungen des Extremsportlers Steven, welche Faszination von diesem Sport ausgeht.

☐ In dem vorliegenden Text geht es um das Leben von Steven, der als 15-Jähriger seine Liebe zur Extremsportart „Parkour" entdeckt hat und heute zu den bekanntesten Traceurs Deutschlands zählt.

!

Folgende Schritte helfen dir, den Inhalt eines Textes zu erfassen:

1. Schritt: Lies den Text sorgfältig durch und kläre die Bedeutung unbekannter Begriffe (z. B. aus dem Textzusammenhang).

2. Schritt: Lies den Text ein zweites Mal und markiere dabei die wichtigsten Informationen. Stelle W-Fragen an den Text (Wer?, Was?, Wann?, Warum? usw.).

3. Schritt: Gliedere den Text durch Absatzzeichen (⅃) in Sinnabschnitte und mache dir Stichworte (am Textrand) zum Inhalt des Textes, aber auch zur Beantwortung der weiterführenden Aufgabe.

Die Aufgabenstellung untersuchen

4 *Zu dem Zeitungsartikel „Rebellion gegen die Schwerkraft" (▷ S. 3–4) wurde der folgende Arbeitsauftrag für eine erweiterte Inhaltsangabe gestellt:*

Fasse den Inhalt des Textes „Rebellion gegen die Schwerkraft" von Yoko Rückerl knapp zusammen. Erläutere anschließend, um welche Textsorte es sich handelt, und mache abschließend deutlich, welche Absicht die Verfasserin mit ihrem Artikel verfolgt. Berücksichtige hierbei auch sprachliche Auffälligkeiten. Belege deine Ergebnisse anhand des Textes.

a) Untersuche die Aufgabenstellung genau und mache dir klar, was von dir verlangt wird. Markiere dazu Begriffe und Formulierungen, die Auskunft darüber geben, was du erarbeiten sollst.
b) Kreuze an, was du bei der Erarbeitung deiner erweiterten Inhaltsangabe berücksichtigen musst.

- ☐ Ich soll den Inhalt des Textes im Präsens knapp zusammenfassen.
- ☐ Ich soll Stellung nehmen zu der These, dass „Parkour" eine äußerst gefährliche Sportart ist, und meine Ausführungen mit Argumenten und Beispielen aus dem Text belegen.
- ☐ Ich soll den Artikel einer Textsorte zuordnen und mein Ergebnis anhand des Textes (Aufbau und sprachliche Besonderheiten) belegen.
- ☐ Ich soll zu dem im Text dargestellten Problem Stellung nehmen und meine eigenen Erfahrungen bei der Stellungnahme einbeziehen.
- ☐ Ich soll darstellen, welches Ziel der Verfasser mit seinem Artikel verfolgt, und meine Einschätzung mit Textpassagen belegen.
- ☐ Ich soll die Argumente aus dem Text herausarbeiten, die für die Extremsportart „Parkour" sprechen.

Stoffsammlung: Textzusammenfassung

5 *Lege eine Stoffsammlung für die Textzusammenfassung an:*
a) Notiere in deinem Heft alle Informationen, die für die ***Einleitung*** *deiner Textzusammenfassung wichtig sind: Autorin, Titel des Textes: Quelle (Fundort, wo der Text erschienen ist), Kernaussage des Textes (▷ vgl. Aufgabe 3, Seite 5).*
b) Fasse den Inhalt des Textes in Stichworten oder kurzen Sätzen zusammen. Gehe Abschnitt für Abschnitt vor und verwende das Präsens (bei Vorzeitigkeit das Perfekt). Nutze hierzu deine Textmarkierungen und deine Randnotizen von Seite 3–4.

1. Sinnabschnitt (Z. 1–11): Anschauliche Darstellung einer Filmszene

– Zugang zum Thema über Schilderung einer Szene aus dem Kinofilm „Yamakasi – Die Samurai der Moderne", der die Sportart „Parkour" bekannt gemacht hat, dann Informationen, was „Parkour" ist.

Stoffsammlung: Beantwortung der weiterführenden Aufgabe

Nachdem du dir nun einen genauen Überblick über den Inhalt des Textes verschafft hast und die Textzusammenfassung vorbereitet hast, erarbeitest du die weiterführende Aufgabe.

A Weiterführende Aufgabe: Die Textsorte untersuchen

6 *Belege, dass es sich bei dem vorliegenden Zeitungsartikel (▷ S. 3–4) um eine Reportage handelt.*
Der unten stehende Merkkasten hilft dir dabei.
Gehe so vor:
a) Markiere in dem Zeitungsartikel typische Merkmale, die den Text als Reportage kennzeichnen.
b) Halte deine Ergebnisse übersichtlich fest, indem du für die einzelnen Reportagemerkmale Beispiele aus dem Text anführst und ihre Wirkung auf den Leser beschreibst. Schreibe in dein Heft und führe die unten stehende Tabelle fort.

TIPP
Bei der Textsortenbestimmung musst du darauf achten, dass du die Merkmale der Textsorte anhand der Textvorlage durch **Zitate** belegst. (▷ Hinweise zum Zitieren findest du auf Seite 9.)

Merkmale einer Reportage	Beispiel aus dem Text	Wirkung auf den Leser/Schreibabsicht
– szenischer Einstieg	„Die Männer sind auf der Flucht, keuchend rennen sie um ihr Leben." (Z. 1)	Der Leser wird unmittelbar ins Geschehen hineingezogen, Spannung wird erzeugt.
– sachlich informierende Textteile	„Dabei werden auf einem Weg von A zum selbst gewählten Ziel B alle Hindernisse scheinbar mühelos überwunden. [...] Die städtische Architektur soll allein durch Körperkraft bezwungen werden." (Z. 7–11)	Der Verfasser erklärt, was „Parkour" ist und wie diese Sportart ausgeübt wird.
– allgemeine Hintergrundinformationen zum Thema	...	...
– packende, emotionale Schreibweise	...	...
– ...	...	...

!

Textsorte: Reportage
Die Reportage ist eine in der Zeitungswelt oft genutzte Textsorte. Da in ihr **informierende, schildernde und wertende Passagen** häufig **fließend ineinander übergehen,** zählt man sie zu den so genannten „Mischformen". In der Themenwahl ist die Journalistin oder der Journalist bei der Reportage frei: Alles kann zum Gegenstand seiner Schilderungen werden.

Die Merkmale einer Reportage sind:
- ☐ informiert anschaulich über Erlebnisse
- ☐ liefert Hintergrundinformationen
- ☐ wechselt zwischen sachlich informierenden und persönlich schildernden Textteilen
- ☐ enthält persönliche Meinung der Verfasserin/des Verfassers
- ☐ enthält wörtliche Rede (Interviewbeiträge)
- ☐ hat häufig einen szenischen Einstieg
- ☐ wird im Präsens verfasst (Hintergrundinformationen manchmal im Präteritum)

B Weiterführende Aufgabe: Autorenabsicht untersuchen

7 *Eine Frage in der Aufgabenstellung (▷ Seite 6) ist auch, welche Absicht die Verfasserin mit seinem Artikel verfolgt.*
a) Markiere in dem Zeitungsartikel (▷ Seite 3–4) Passagen, die eine bestimmte Aussageabsicht vermuten lassen. Berücksichtige hierbei auch sprachliche Auffälligkeiten (z. B. Satzbau, beschreibende Adjektive, Vergleiche, subjektiv wertende Sprache) und ihre Wirkung auf den Leser.
b) Halte deine Ergebnisse übersichtlich fest, indem du die folgende Tabelle in dein Heft überträgst und vervollständigst.

Merkmale	Beispiel aus dem Text (Zitat mit Zeilenangabe)	Wirkung
– Satzbau: überwiegend einfache Hauptsätze	...	Die Aneinanderreihung einfacher Hauptsätze lässt ein dichtes Bild entstehen.
– ...	„schwerelos“ (Z. 14), „waghalsigen“ (Z. 16), „magisch“ (Z. 17)	...
– Vergleiche	...	...
– jugend- und szenesprachliche Wendungen	„Kick“ (Z. 27), „Szene-Idol“ (Z. 29), „Parkour-Hot-Spots“ (Z. 59)	Die Umgangssprache der Jugendlichen und der Parkour-Sportler wird wiedergegeben, das klingt authentisch.
– subjektiv wertende Sprache	...	Verfasserin wertet, will die Sportart „Parkour“ positiv darstellen.
– ...	...	Humorvolle Betrachtung am Ende zeigt die Symphatie der Verfasserin mit den Parkour-Sportlern
– Zitate eines Experten	...	

!

Autorenabsicht und Zielgruppe
Eine wichtige Frage bei der Textanalyse ist auch, welche Absicht der Text hat und an welche Zielgruppe er sich wendet. **Die Wahl der Textsorte, des Layouts und der Sprache** (Satzbau, Fragesätze, die sich an die Leser wenden, Wortwahl, z. B. auffällige Verben, Adjektive, Fremdwörter, Fachbegriffe) **lässt häufig Rückschlüsse darauf zu, ob ein Text eher von einer informierenden, einer wertenden** (meinungsbildenden) **oder einer appellierenden** (auffordernden) **Grundaussage geprägt ist und an welche Zielgruppe er sich wendet.**
Leitfragen zur Analyse der Autorenabsicht:
- ☐ Will der Autor über ein Ereignis informieren oder unterhalten?
- ☐ Will er zu einem Thema Stellung nehmen und die Meinung der Leser beeinflussen?
- ☐ Will er über einen Sachverhalt aufklären und/oder die Leser zum Nachdenken anregen?
- ☐ Will der Autor die Gefühle der Leser ansprechen?
- ☐ Will er einen Sachverhalt aufwerten oder abwerten?
- ☐ Welche Zielgruppe (ältere oder jüngere Leser oder Fachpublikum) wird angesprochen, z. B. durch die Sprache (Jugendsprache, Fachsprache) oder das Layout des Textes (technische Zeichnungen, moderne Abbildungen usw.)?

Die Gliederung und den Aufsatz verfassen

8 *Erstelle für deinen Aufsatz eine Gliederung. Orientiere dich hierbei an den Leitaufträgen in der Aufgabenstellung (▷ S. 6) und bringe die Ergebnisse deiner Stoffsammlung (▷ S. 6–8) in eine sinnvolle Reihenfolge. Schreibe in dein Heft.*

9 *Schreibe nun den Aufsatz in dein Heft. Gehe so vor:*
a) Formuliere die Einleitung. Nimm hierzu deine Ergebnisse aus den Aufgaben 5 (▷ S. 6).

- Der vorliegende Text ... stammt aus ... vom ...
  Yoko Rückerl, die Verfasserin des Textes, hat es sich zur Aufgabe gemacht, ...
- In dem Artikel ... aus der Berliner Zeitung vom ... stellt die Verfasserin ...

TIPP

A Einleitung
(Informationen über Autor/-in, Titel des Textes, ggf. Quelle, Kernaussage des Textes)

B Textzusammenfassung
(kurze und sachliche Darstellung des Textinhalts)
I.
II.
...

C Beantwortung der weiterführenden Aufgabe
I. Bestimmung der Textsorte
II. Absicht des Autors

b) Schreibe mit Hilfe deiner Stoffsammlung (▷ S. 6) die Textzusammenfassung, indem du knapp und sachlich über den Inhalt des Artikels informierst. Schreibe im Präsens (bei Vorzeitigkeit im Perfekt) und mache die Zusammenhänge (zeitliche Abfolge, Ursache, Wirkung usw.) deutlich.

Die Reportage setzt mit der Schilderung einer Szene aus dem Kinofilm „Yamakasi – Die Samurai der Moderne" ein, der die Sportart „Parkour" bekannt gemacht hat. Bei dieser Extremsportart geht es darum, ...

c) Leite nun zur Beantwortung der weiterführenden Aufgabe über und lege deine Ergebnisse zur Textsortenbestimmung und zur Absicht der Autorin dar. Deine Stoffsammlung zur Beantwortung der weiterführenden Aufgabe (▷ S. 7–8) hilft dir dabei. Denke daran, deine Ergebnisse anhand des Textes zu belegen (▷ siehe unten stehenden Merkkasten zum Zitieren).

Dass dieser Text eine Reportage ist, kann man anhand vieler charakteristischer Merkmale erkennen. Zum einen liegt ein unmittelbarer szenischer Einstieg vor: „Die Männer sind auf der Flucht, keuchend rennen sie um ihr Leben. Hindernissen weichen sie nicht aus, sie rennen einfach darüber hinweg [...]" (Z. 1 f.). Hier wird in anschaulicher Weise geschildert ...
Typisch für eine Reportage ist auch ...
...
Hinweise auf die Absicht der Verfasserin geben die Textsorte (Reportage), aber auch die sprachliche Gestaltung des Artikels. Mit ihrer Reportage möchte die Verfasserin ein anschauliches Bild über die Extremsportart „Parkour" vermitteln, aber auch Hintergrund-information ...

10 *Überarbeite deinen Aufsatz mit Hilfe der Checkliste auf Seite 13.*

!

Belegstellen anführen: Zitieren

- Deine **Ergebnisse** zur Beantwortung der weiterführenden Aufgabe musst du **anhand des Textes belegen.** Entweder mit **wörtlichen Zitaten** mit Anführungszeichen oder mit **indirekten Zitaten** (mit eigenen Worten wiedergegebene Textstellen). Alle Textbelege werden mit Zeilenangaben angeführt.
- Wörtliches Zitat: Wird eine Textstelle nur teilweise übernommen, müssen die **Auslassungen durch [...] kenntlich** gemacht werden. Nach den abschließenden Anführungszeichen gibt man **in Klammern die Belegstelle** (Zeilenangabe) an. Der Schlusspunkt des Satzes steht erst nach der Zeilenangabe.
  Beispiel: *Der Leser wird unvermittelt in eine Filmszene versetzt: „Die Männer sind auf der Flucht, keuchend rennen sie um ihr Leben. Hindernissen weichen sie nicht aus, sie rennen einfach darüber hinweg [...]" (Z. 1 f.).*

Fit für die Schulaufgabe: Die erweiterte Inhaltsangabe eines Sachtextes schreiben

Folgender Arbeitsauftrag wurde in einer Schulaufgabe gestellt:
Fasse die Aussage des Textes „Der geborene Werbeträger" von Ulrich Stock so zusammen, dass die Position des Autors deutlich wird. Nenne dann sprachliche Mittel, mit deren Hilfe der Autor seine Position zum Ausdruck bringt. Nimm abschließend zu dem dargestellten Problem Stellung.

Der geborene Werbeträger

Soll ein Kind wie eine Limonade heißen? Oder wie eine Dosensuppe? Oder das Hamburger Fußballstadion wie eine Internet-Firma? Ein Widerspruch

von Ulrich Stock

Jason Black und seine Frau Frances aus Mount Kisco bei New York freuen sich über die Geburt ihres dritten Kindes; und wir gratulieren von dieser Stelle aus recht herzlich. Es ist ein Junge, geboren am 27. Juli 2001, und er heißt, er heißt – ja, wie er heißt, das wollten die Blacks nicht selbst entscheiden. Sie boten den Vornamen über eBay und Yahoo zur Versteigerung im Internet an. Mindestgebot: 500.000 Dollar. Ein großer Konzern sollte zugreifen: Lebenslange Werbung gegen einmalige Zahlung. 500.000 Dollar [...], ein Haus für die Familie, eine Kindheit frei von wirtschaftlicher Not. Und das wäre wunderwunderschön, denn mit dem Einkommen von Vater Jason, 32, Internet-Redakteur in Manhattan, nicht zu bewerkstelligen. Baby Black hätte also Kraft heißen können oder Mars oder Coke [...].
Ein Scherz, das alles? Nein, wirtschaftliche Logik. Große Konzerne, die den Raum und die Zeit beherrschen, indem sie auf allen Erdteilen und 365 Tage lang rund um die Uhr operieren, sie greifen sich jetzt das nächste verfügbare Gut: die Identität[1].
Skeptiker[2] könnten hier einwenden, nicht den Blacks sei ein unsittliches Angebot gemacht worden, die Eltern selbst hätten die Idee gehabt. Das stimmt. Freilich haben sie nur Gespür für einen Trend bewiesen. Eine stichprobenartige Erhebung des Internet-Anbieters *americanbaby.com* ergab: Von 600 Eltern würden 21 Prozent den Namen ihres Kindes für Geld hergeben, weitere 28 Prozent würden es immerhin erwägen.
Ob sich heute oder morgen ein Konzern findet, scheint weniger eine Frage des Gewissens als der gewissenhaften Kalkulation. Wie viele Kontakte bringt ein Markenvorname über die Jahre? Rechnet sich das? Und wäre die zu erwartende öffentliche Empörung über die Taufe der Sache abträglich oder sogar förderlich? Das alles will erwogen und in Businesspläne eingearbeitet sein. Vielleicht hätten sich die Blacks etwas früher melden sollen? Andererseits: Welches Unternehmen kauft schon eine Katze im Sack? Nur ein gesundes Kind ist als Werbefläche interessant. [...]

1 **Identität:** die unverwechselbare Persönlichkeit eines Menschen
2 **Skeptiker:** Zweifler, Pessimist, Kritiker

Auch in Hamburg stand dieser Tage ein Name zum Verkauf. Der gehörte allerdings keinem Kind, sondern einer Riesenschüssel und hat zudem schon den Besitzer gewechselt. *Volksparkstadion* – so hieß seit vier Jahrzehnten die Spielstätte des Fußballbundesligisten HSV. Für insgesamt 30 Millionen Mark[3] trägt das Stadion in den nächsten fünf Jahren den Namen *AOL-Arena*. Der Vereinsvorstand jubiliert, endlich Geld für den Ankauf neuer Spieler! Die Fans sind verunsichert. Wofür steht AOL? „Lieber **A**merica **O**nline als **A**mateur **O**ber**l**iga", meinen die einen. „**A**lles **o**hne **L**iebe zu Tradition und Kultur geopfert", meinen die anderen.
Was hat der weltweit operierende Internet-Riese AOL mit dem HSV zu schaffen? Was wird nach Ablauf des Fünfjahresvertrages? Soll die AOL-Arena dann, wie ein Leser des *Hamburger Abendblatts* befürchtet, *Corega-Tabs-Stadion* heißen? Hatte das Volksparkstadion nicht irgendwann nach „uns Uwe" Seeler[4] benannt werden sollen, Hamburgs beliebtestem Fußballveteranen[5]? „Vielleicht benennen sie jetzt ein Kassenhäuschen nach ihm", vermutet ein enttäuschter Anhänger.
An beißendem Spott des Publikums fehlt es nicht. Der Abendblatt-Leser J. R. Prüß: „Hiermit gebe ich bekannt, dass der Wäschetrockenbereich in meinem Garten nicht mehr Wäschetrockenbereich heißt, sondern T-Shirt-Online-Arena. Dafür habe ich 30 Mark bekommen, die ich in die Verstärkung meines Gartenzwergteams investiere."
Während die Fans an dem großen Deal noch zu schlucken haben, denkt HSV-Chef Hackmann in Zeitungsinterviews schon über die Umwandlung der Bundesliga in eine *Coca-Cola-Liga* nach. An seiner Seite Uli Hoeneß, Manager des FC Bayern: „Wenn die eine Milliarde Mark bezahlen, mache ich mit."
Eine Milliarde Mark soll also der Name für des Deutschen liebstes Kind kosten, 1,14 Millionen Mark der Name für das Kind von Mr Black. Für den Titel der Deutschen Bundesliga könnte sich ein Konzern 877 Kindernamen leisten. Wo wäre das Geld besser angelegt? Muss man einfach mal alles durchrechnen. Kann sein, dass der Kinderpreis zu hoch ist. Vielleicht hat deshalb bei den Blacks noch keiner zugeschlagen.

Quelle: DIE ZEIT, 16.8.2001

3 **Mark:** Währung vor der Euroeinführung 2002; 2 Mark = 1 Euro
4 **Uwe Seeler:** geb. 1936 in Hamburg, ehemaliger deutscher Profifußballspieler.
5 **Veteran:** altgedienter Soldat, erfahrener (Vor-)Kämpfer

1 *a) Untersuche die Aufgabenstellung auf Seite 10 genau und mache dir klar, was von dir verlangt wird. Markiere dazu Begriffe und Formulierungen, die Auskunft darüber geben, was du erarbeiten sollst.*
b) Überlege, was deine Aufgabe ist. Kreuze dann an, welche der folgenden Aussagen zutreffen.

Ich soll ...

☐ im Präteritum die jüngere Geschichte eines Bundesligavereins nacherzählen.

☐ im Präsens den Inhalt des gesamten Textes zusammenfassend wiedergeben.

☐ aufzeigen, wie der Autor seine Meinung mit sprachlichen Besonderheiten zu erkennen gibt.

☐ eine Erörterung zu der Frage schreiben, ob Kinder an Firmen verkauft werden sollten.

☐ darstellen, wie der Autor seinen Text aufbaut und wie dieser Textaufbau wirkt.

☐ sagen, was ich selbst von der Meinung des Autors halte.

2 *Erarbeite dir ein genaues Verständnis des Textes (▷ S. 10). Gehe so vor:*
a) Lies den Text durch. Kläre dann Begriffe, die du nicht verstehst, z. B. aus dem Textzusammenhang.
b) Lies den Text erneut und markiere die wichtigsten Informationen. Notiere Stichpunkte zum Inhalt eines jeden Abschnitts. Diese Stichpunkte geben dir einen Überblick über den Text und helfen dir später bei der Zusammenfassung.

3 *Kreuze an, welcher Satz die Kernaussage des Textes „Der geborene Werbeträger" am besten zusammenfasst.*

Ulrich Stocks Beitrag „Der geborene Werbeträger", 2001 in der „ZEIT" erschienen, zeigt auf, dass ...

☐ moderne Eltern ihre Kinder heute aus Not an die Werbeindustrie verkaufen.

☐ die Werbewirtschaft immer wieder durch originelle Ideen auffällt.

☐ Werbung fragwürdige Formen angenommen hat.

☐ die großen Konzerne viel Geld ausgeben müssen, um für sich zu werben.

4 *Mache dir den Inhalt des Textes in einem Schaubild deutlich und halte fest, was die im Text genannten Beispiele „Kind" und „Stadion" miteinander zu tun haben. Übertrage hierzu das folgende Schaubild in dein Heft und vervollständige es.*

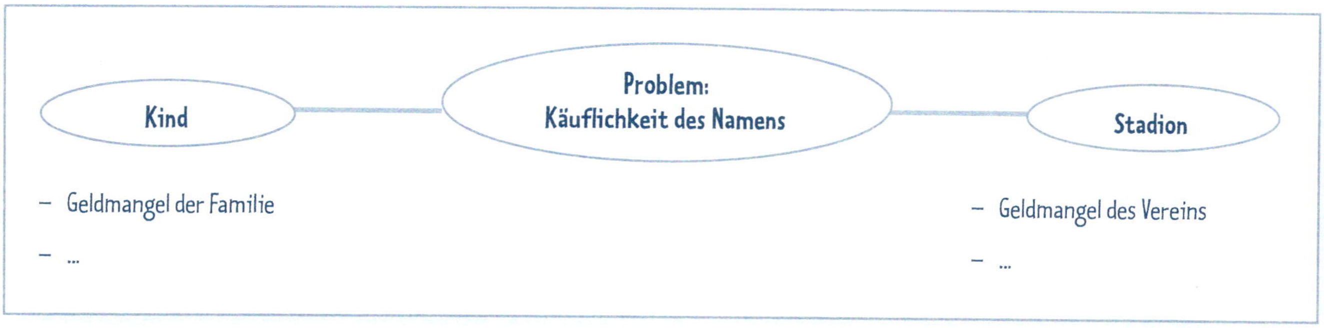

5 *Überlege, welche Bedeutung die folgenden Zeilen am Schluss des Textes haben könnten. Entscheide dich dann für einen der unten genannten Vorschläge.*

> „Eine Milliarde Mark soll also der Name für des Deutschen liebstes Kind kosten, 1,14 Millionen Mark der Name für das Kind von Mr Black. Für den Titel der Deutschen Bundesliga könnte sich ein Konzern 877 Kindernamen leisten. Wo wäre das Geld besser angelegt? Muss man einfach mal alles durchrechnen. Kann sein, dass der Kinderpreis zu hoch ist. Vielleicht hat deshalb bei den Blacks noch keiner zugeschlagen" (Z. 70–77).

Das nüchterne Rechenbeispiel des Autors soll verdeutlichen, ...

☐ dass Mr Black bei der Namensversteigerung einfach einen zu hohen Preis gefordert hat.

☐ dass die Firmen Millionen zahlen, damit Fußballvereine ihren Namen bekannt machen.

☐ dass der Preis für Werbeflächen nach Größe und Bedeutung kalkuliert werden muss.

☐ wie absurd es ist, wenn alles käuflich wird, sogar der Name eines Kindes.

Die erweiterte Inhaltsangabe eines literarischen Textes schreiben

Den Inhalt des Textes verstehen

Die erweiterte Inhaltsangabe eines literarischen Textes informiert kurz und sachlich über den Inhalt eines Textes (z. B. einer Kurzgeschichte, einer Erzählung, einer Dramenszene) **und bearbeitet zusätzlich eine weiterführende Aufgabe zum Text,** z. B. Behandlung eines weiteren Untersuchungsaspekts (z. B. Zuordnung zu einer Textsorte, sprachlich-stilistische Gestaltung des Textes, Erzählform und Erzählverhalten) oder Stellungnahme zu einer zentralen Textaussage. Grundsätzlich sind die Arbeitsschritte bei der erweiterten Inhaltsangabe eines literarischen Textes die gleichen wie beim Verfassen einer erweiterten Inhaltsangabe zu einem Sachtext (▷ S. 4–13).
In diesem Kapitel übst du:
- wie du die wichtigsten Ereignisse und Handlungszusammenhänge aus dem Text erschließt,
- wie du Schritt für Schritt die erweiterte Inhaltsangabe schreibst,
- wie du deinen Aufsatz überarbeiten und verbessern kannst.

Johann Peter Hebel

Unverhofftes Wiedersehen

Johann Peter Hebel (1760–1826) studierte Theologie in Erlangen und verdiente seinen Lebensunterhalt als Hauslehrer und Theologe. Er schrieb Kalendergeschichten und Erzählungen, die in einem Jahreskalender veröffentlicht wurden und später in dem Sammelband „Schatzkästlein des Rheinischen Hausfreunds" herausgegeben wurden. Auch der folgende Text ist eine Kalendergeschichte, die 1811 erschien.

In Falun[1] in Schweden küsste vor guten fünfzig Jahren und mehr ein junger Bergmann seine junge hübsche Braut und sagte zu ihr: „Auf Sankt Luciä[2] wird uns unsere Liebe von des Priesters Hand gesegnet. Dann sind wir Mann und Weib und bauen uns ein eigenes Nestlein." – „Und Friede und Liebe soll darin wohnen", sagte die schöne Braut mit holdem Lächeln, „denn du bist mein Einziges und Alles und ohne dich möchte ich lieber im Grab sein als an einem anderen Ort." Als sie aber vor St. Luciä der Pfarrer zum zweiten Mal in der Kirche ausgerufen[3] hatte: „So nun jemand Hindernis wüsste anzuzeigen, warum diese Personen nicht möchten ehelich zusammenkommen", da meldete sich der Tod. Denn als der Jüngling den andern Morgen in seiner schwarzen Bergmannskleidung an ihrem Haus vorbeiging, der Bergmann hat sein Totenkleid immer an, da klopfte er zwar noch einmal an ihrem Fenster und sagte ihr guten Morgen, aber keinen Abend mehr. Er kam nimmer aus dem Bergwerk zurück, und sie säumte vergeblich selbigen Morgen ein schwarzes Halstuch mit rotem Rand für ihn zum Hochzeitstag, sondern als er nimmer kam, legte sie es weg und weinte um ihn und vergaß ihn nie. Unterdessen wurde die Stadt Lissabon in Portugal durch ein Erbeben zerstört und der Siebenjährige Krieg ging vorüber und Kaiser Franz der Erste starb und der Jesuitenorden wurde aufgehoben und Polen geteilt und die Kaiserin Maria Theresia starb und der Struensee wurde hingerichtet, Amerika wurde frei und die vereinigte französische und spanische Macht konnte Gibraltar nicht erobern, die Türken schlossen den General Stein in der Veteraner Höhle in Ungarn ein und der Kaiser Joseph starb auch. Der König Gustav von Schweden eroberte russisch Finnland und die Französische Revolution und der lange Krieg fingen an und der Kaiser Leopold der Zweite ging auch ins Grab. Napoleon eroberte Preußen und die Engländer bombardierten Kopenhagen und die Ackerleute säeten und schnitten. Der Müller mahlte und die Schmiede hämmerten und die Bergleute gruben nach Metalladern in ihrer unterirdischen Werkstatt. Als aber die Bergleute in Falun im Jahr

1 **Falun:** Stadt in Schweden, geprägt vom Bergbau
2 **St. Lucia:** Heilige; Gedenktag am 13. Dezember, dem kürzesten Tag des Jahres
3 Hier ist die Rede vom Aufgebot, d. h., ein Brautpaar meldet seinen Wunsch zu heiraten an. Die eigentliche Hochzeit erfolgt erst später.

1809 etwas vor oder nach Johannis[4] zwischen zwei Schachten eine Öffnung durchgraben wollten, gute dreihundert Ellen[5] tief unter dem Boden, gruben sie aus dem Schutt und Vitriolwasser[6] den Leichnam eines Jünglings heraus, der ganz mit Eisenvitriol durchdrungen, sonst aber unverwest und unverändert war; also dass man seine Gesichtszüge und sein Alter noch völlig erkennen konnte, als wenn er erst vor einer Stunde gestorben oder ein wenig eingeschlafen wäre an der Arbeit. Als man ihn aber zu Tag ausgefördert hatte, Vater und Mutter, Befreundete und Bekannte waren schon lange tot, kein Mensch wollte den schlafenden Jüngling kennen oder etwas von seinem Unglück wissen, bis die ehemalige Verlobte des Bergmanns kam, der eines Tages auf die Schicht gegangen war und nimmer zurückkehrte. Grau und zusammengeschrumpft kam sie an einer Krücke an den Platz und erkannte ihren Bräutigam; und mehr mit freudigem Entzücken als mit Schmerz sank sie auf die geliebte Leiche nieder, und erst als sie sich von einer langen heftigen Bewegung des Gemüts erholt hatte, „es ist mein Verlobter", sagte sie endlich, „um den ich fünfzig Jahre lang getrauert hatte und den mich Gott noch einmal sehen lässt vor meinem Ende. Acht Tage vor der Hochzeit ist er unter die Erde gegangen und nimmer heraufgekommen." Da wurden die Gemüter aller Umstehenden von Wehmut und Tränen ergriffen, als sie sahen die ehemalige Braut jetzt in der Gestalt des hingewelkten, kraftlosen Alters und den Bräutigam noch in seiner jugendlichen Schöne und wie in ihrer Brust nach 50 Jahren die Flamme der jugendlichen Liebe noch einmal erwachte; aber er öffnete den Mund nimmer zum Lächeln oder die Augen zum Wiedererkennen; und wie sie ihn endlich von den Bergleuten in ihr Stüblein tragen ließ, als die Einzige, die ihm angehöre und ein Recht an ihn habe, bis sein Grab gerüstet sei auf dem Kirchhof. Den andern Tag, als das Grab gerüstet war auf dem Kirchhof und ihn die Bergleute holten, schloss sie ein Kästlein auf, legte ihm das schwarzseidene Halstuch mit roten Streifen um und begleitete ihn alsdann in ihrem Sonntagsgewand, als wenn es ihr Hochzeitstag und nicht der Tag seiner Beerdigung wäre. Denn als man ihn auf dem Kirchhof ins Grab legte, sagte sie: „Schlafe nun wohl noch einen Tag oder zehn im kühlen Hochzeitsbett und lass dir die Zeit nicht lange werden. Ich habe nur noch wenig zu tun und komme bald und bald wird's wieder Tag. – Was die Erde einmal wiedergegeben hat, wird sie zum zweiten Mal auch nicht behalten", sagte sie, als sie fortging und sich noch einmal umschaute.

4 **Johannis:** nach Johannes dem Täufer; der Johannistag am 24. Juni ist der längste Tag des Jahres
5 **Elle:** altes Längenmaß, wurde von der Länge eines Unterarms abgeleitet; eine Elle entspricht ca. 55 cm
6 **Vitriol:** Verbindung von Schwefel und Metallen, wirkt konservierend

1 *Nur wenn du ein genaues Textverständnis hast, kannst du den Inhalt des Textes zusammenfassen und die weiterführende Aufgabe zum Text beantworten. Gehe folgendermaßen vor:*
a) Lies den gesamten Text ein erstes Mal durch und mache dir klar, worum es geht.
b) Halte deine ersten Leseeindrücke und Gedanken fest. Worum geht es deiner Meinung nach in der Geschichte?

___

___

___

___

c) Lies den Text ein zweites Mal. Gliedere die Geschichte dabei durch Absatzzeichen (⌐) in Handlungsabschnitte und markiere wichtige Textstellen, die Informationen zur Handlung, zu den Figuren, zur Zeit, zur Atmosphäre (Stimmung) enthalten, aber auch sprachlich-stilistische Besonderheiten, die dir auffallen.

!

Den Inhalt des Textes erschließen
Zu einem genauen und fundierten Textverständnis gelangt man nur, indem man den Text mehrmals aufmerksam liest und während des Lesens aktiv bearbeitet.

- **Lies** den **Text mehrmals durch** und lege dabei dein Augenmerk auf die Handlung, den Aufbau, die Figuren und die Sprache.
- **Gliedere** den Text **in Handlungsabschnitte**, versieh ihn mit **Randbemerkungen** und markiere wichtige Textstellen. **Halte** nach dem Lesen **wichtige Informationen** und Ideen für die weitere Arbeit **fest,** z. B. Notizen zur Handlung, zu den Figuren, zur Zeit, zur Kernaussage, zur Intention, zu sprachlich-stilistischen Auffälligkeiten und zur Textsorte.

2 *Beantworte die folgenden Fragen zum Text:*

- Wo spielt die Geschichte?

- Zu welchem Zeitpunkt kommt der Bergmann ums Leben?

- Wie viele Jahre verstreichen zwischen dem Tod des Bergmanns und seiner Wiederauffindung? Belege deine Aussage mit Textbeispielen, die du mit Zeilenangaben notierst.

- „Da wurden die Gemüter aller Umstehenden von Wehmut und Tränen ergriffen [...]" (Z. 63–65). Lies noch einmal im Text nach und notiere mindestens zwei Gründe, warum die Menschen bewegt sind.

3 *Kreuze an, welche der folgenden Sätze auf die Geschichte „Unverhofftes Wiedersehen" zutreffen. Lies dazu noch einmal genau im Text nach.*

- [ ] Die beiden Hauptfiguren tragen in der Geschichte keinen Namen.
- [ ] Als der Bergmann tödlich verunglückt, trägt er das Halstuch, das seine Braut für ihn genäht hat.
- [ ] Der Todestag des Bräutigams und das Wiederausgraben seiner Leiche werden an zwei besonderen Tagen des Jahres festgemacht.
- [ ] Als der Bergmann gefunden wird und seine einstige Braut ihn sieht, bricht sie vor Schmerzen und Trauer zusammen.
- [ ] Während der Bergmann unversehrt und in seiner jugendlichen Schönheit aufgefunden wird, ist seine ehemalige Braut stark gealtert.
- [ ] Obwohl die Frau ihren Geliebten bereits vor über 50 Jahren verloren hat, liebt sie ihn noch.
- [ ] Im Mittelteil der Geschichte (▷ Z. 22–39) geht es nicht um den Bergmann und seine Braut.

Die Aufgabenstellung untersuchen

4 *Zu der Kalendergeschichte „Unverhofftes Wiedersehen“ (▷ S. 14–15) wurde der folgende Arbeitsauftrag für eine erweiterte Inhaltsangabe gestellt:*

Fasse nach einer informierenden Einleitung den Inhalt des Textes „Unverhofftes Wiedersehen“ von Johann Peter Hebel zusammen und erläutere den Aufbau des Textes. Zeige dann, wie du den Text verstehst, indem du vor allem auf die Bedeutung des Schlusses eingehst . Vergiss nicht, Textbelege anzuführen.

a) Untersuche die Aufgabenstellung genau und mache dir klar, was von dir verlangt wird. Markiere hierzu Begriffe und Formulierungen in der Aufgabenstellung, die dir anzeigen, was du erarbeiten sollst.
b) Kreuze an, welche vier Punkte du bei der Erarbeitung deines Aufsatzes berücksichtigen musst.

- ☐ Ich soll darstellen, in welcher Situation sich die Hauptfiguren befinden.
- ☐ Ich soll den Aufbau der Geschichte herausarbeiten.
- ☐ Ich soll die Geschichte deuten und meine Aussagen mit geeigneten Zitaten belegen.
- ☐ Ich soll eine kurze Inhaltsangabe im Präsens verfassen.
- ☐ Ich soll an dem Text die Merkmale einer Kalendergeschichte nachweisen.
- ☐ Ich soll die Aufgabe so bearbeiten, dass ein zusammenhängender Aufsatz entsteht.
- ☐ Ich soll stilistische Auffälligkeiten (z. B. Satzbau, Wortwahl) ganz vernachlässigen.
- ☐ Ich soll auf zwei zentrale Motive in dieser Kalendergeschichte eingehen.

Stoffsammlung: Inhaltsangabe

5 *Lege eine Stoffsammlung für die Inhaltsangabe an: Notiere alle Informationen, die für die* **Einleitung** *deiner Inhaltsangabe wichtig sind:*

Autor: ______________________________

Titel des Textes: ______________________________

Textsorte: ______________________________

Erscheinungsjahr: ______________________________

Kernaussage des Textes: ______________________________

____

____

____

____

____

____

____

6 *In deiner Inhaltsangabe sollst du den Inhalt des Textes zusammenfassen, aber auch den Aufbau der Geschichte darstellen.*
a) Gliedere den Text in drei Handlungsabschnitte (mit Zeilenangabe) und fasse sie in eigenen Worten kurz zusammen. Schreibe im Präsens.

1. Handlungsabschnitt (Z. ____): ____

2. Handlungsabschnitt (Z. ____): 50 Jahre vergehen, der Erzähler berichtet, welche weltgeschichtlichen Ereignisse inzwischen geschehen sind.

3. Handlungsabschnitt (Z. ____): ____

b) Die Dreiteilung der Kalendergeschichte ist nicht nur am Inhalt festzumachen, sondern wird auch sprachlich erkennbar. Im Mittelteil des Textes werden zahlreiche historische Ereignisse aneinandergereiht. Welcher ***Satzbau*** *liegt hier vor und welche Form der* ***Zeitgestaltung*** *wird verwendet? Wie wirken diese beiden Gestaltungsmittel? Halte deine Ergebnisse fest. Der unten stehende Merkkasten hilft dir dabei.*

!

Den Aufbau der Handlung untersuchen

Bei der Untersuchung des Handlungsaufbaus sollst du nicht nur beschreiben, was in einem Textabschnitt inhaltlich ausgesagt wird, sondern auch erläutern, welche Aufgabe der betreffende Sinn- bzw. Handlungsabschnitt im Hinblick auf das Textganze erfüllt.
Die folgenden Fragen helfen dir, den Aufbau der Handlung zu untersuchen:

- Wie sind **Ausgangssituation** und **Schluss** gestaltet?
- **Wie verläuft die Handlung?** Gibt es Lücken im zeitlichen Ablauf oder wird lückenlos erzählt? Gibt es Rückblenden oder Vorausdeutungen?
- Wie ist die **Zeitgestaltung** (1. zeitdeckendes Erzählen = Erzählzeit und erzählte Zeit sind identisch; 2. zeitraffendes Erzählen = Erzählzeit ist kürzer als die erzählte Zeit; 3. zeitdehnendes Erzählen = Erzählzeit ist länger als die erzählte Zeit)?
- Gibt es **Erzählabschnitte, die sich** sprachlich-stilistisch **von anderen unterscheiden?**
- Gibt es einen Spannungsbogen? Wenn ja, wie wird diese Spannung erzeugt?
- Gibt es **mehrere Handlungsstränge?**

Stoffsammlung: Beantwortung der weiterführenden Aufgabe

Nachdem du dir nun einen genauen Überblick über den Inhalt und den Aufbau des Textes verschafft hast und die Textzusammenfassung vorbereitet hast, erarbeitest du die weiterführende Aufgabe.

Weiterführende Aufgabe: Den Text unter Berücksichtigung einer Textpassage deuten

7 *Die Aufgabenstellung (▷ S. 16) verlangt auch, dass du den Text deutest und dabei vor allem den Schluss der Geschichte berücksichtigst.*

a) Eine wichtige Rolle in der Geschichte spielt das Halstuch, von dem auch am Ende der Geschichte die Rede ist. Unterstreiche alle Textstellen, in denen das Halstuch erwähnt wird.

b) Notiere dann, was dieses Halstuch bzw. das Umlegen dieses Halstuchs am Tag der Beerdigung (Z. 74–79) symbolisiert. Welche Bedeutung könnten die Farben „Schwarz" und „Rot" auf dem Halstuch haben?

8 *a) Lies noch einmal den Schluss des Textes (Z. 74–86) und unterstreiche dabei alle Passagen, in denen deutlich wird, dass die Frau die Beerdigung als symbolische Hochzeit begreift.*

b) Halte deine Ergebnisse fest, indem du die Beispiele aus dem Text (mit Zeilenangaben) notierst und diese in Stichworten deutest.

Darstellung der Beerdigung als symbolische Hochzeit

Textbeispiele	Deutungsansätze (Stichworte)
Sie legt ihm „das schwarzseidene Halstuch mit roten Streifen um" (Z. 76 f.).	

Fit für die Schulaufgabe: Die erweiterte Inhaltsangabe eines literarischen Textes schreiben

Folgender Arbeitsauftrag wurde in einer Schulaufgabe gestellt:
Verfasse zur Kurzgeschichte „Neapel sehen" von Kurt Marti eine Inhaltsangabe einschließlich einer Einleitung, die auch den Kernsatz enthält. Arbeite dann heraus, wie das Verhältnis der Hauptfigur gegenüber der Fabrik gestaltet wird. Berücksichtige hierbei den Aufbau des Textes und seine sprachlich-stilistische Gestaltung.

Kurt Marti

Neapel sehen[1]

Er hatte eine Bretterwand gebaut. Die Bretterwand entfernte die Fabrik aus seinem häuslichen Blickkreis. Er hasste die Fabrik. Er hasste seine Arbeit in der Fabrik. Er hasste die Maschine, an der er arbeitete. Er hasste das Tempo der Maschine, das er selbst beschleunigte. Er hasste die Hetze nach Akkordprämien, durch welche er sich zu einigem Wohlstand, zu Haus und Gärtchen gebracht hatte. Er hasste seine Frau, sooft sie ihm sagte, heut Nacht hast du wieder gezuckt. Er hasste sie, bis sie es nicht mehr erwähnte. Aber die Hände zuckten weiter im Schlaf, zuckten im schnellen Stakkato der Arbeit. Er hasste den Arzt, der ihm sagte, Sie müssen sich schonen, Akkord ist nichts mehr für Sie. Er hasste den Meister, der ihm sagte, ich gebe dir eine andere Arbeit, Akkord ist nichts mehr für dich. Er hasste so viel verlogene Rücksicht, er wollte kein Greis sein, er wollte keinen kleineren Zahltag, denn immer war das die Hinterseite von so viel Rücksicht, ein kleinerer Zahltag. Dann wurde er krank, nach vierzig Jahren Arbeit und Hass zum ersten Mal krank. Er lag im Bett und blickte zum Fenster hinaus. Er sah sein Gärtchen. Er sah den Abschluss des Gärtchens, die Bretterwand. Weiter sah er nicht. Die Fabrik sah er nicht, nur den Frühling im Gärtchen und eine Wand aus gebeizten Brettern. Bald kannst du wieder hinaus, sagte die Frau, es steht alles in Blust[2]. Er glaubte ihr nicht. Geduld, nur Geduld, sagte der

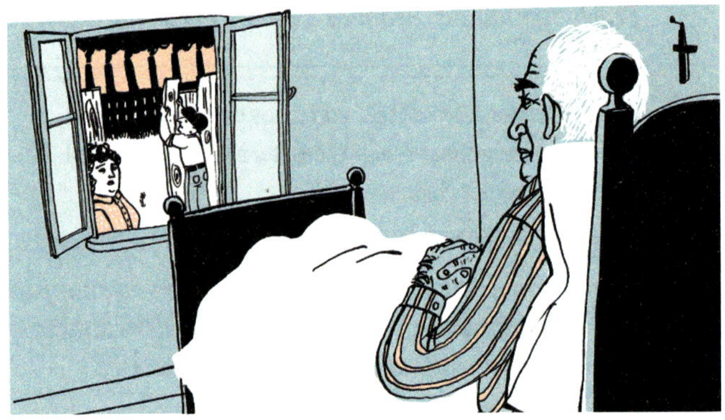

Arzt, das kommt schon wieder. Er glaubte ihm nicht. Es ist ein Elend, sagte er nach drei Wochen zu seiner Frau, ich sehe immer das Gärtchen, sonst nichts, nur das Gärtchen, das ist mir zu langweilig, immer dasselbe Gärtchen, nehmt doch einmal zwei Bretter aus der verdammten Wand, damit ich was anderes sehe. Die Frau erschrak. Sie lief zum Nachbarn. Der Nachbar kam und löste zwei Bretter aus der Wand. Der Kranke sah durch die Lücke hindurch, sah einen Teil der Fabrik. Nach einer Woche beklagte er sich, ich sehe immer das gleiche Stück Fabrik, das lenkt mich zu wenig ab. Der Nachbar kam und legte die Bretterwand zur Hälfte nieder. Zärtlich ruhte der Blick des Kranken auf seiner Fabrik, verfolgte das Spiel des Rauches über dem Schlot, das Ein und Aus der Autos im Hof, das Ein des Menschenstromes am Morgen, das Aus am Abend. Nach vierzehn Tagen befahl er, die stehen gebliebene Hälfte der Wand zu entfernen. Ich sehe unsere Büros nie und auch die Kantine nicht, beklagte er sich. Der Nachbar kam und tat, wie er wünschte. Als er die Büros sah, die Kantine und so das gesamte Fabrikareal, entspannte ein Lächeln die Züge des Kranken. Er starb nach einigen Tagen.

1 Der Titel „Neapel sehen" ist eine Anspielung auf die italienische Redensart „Neapel sehen und dann sterben". Während der 1960er Jahre war Neapel der Inbegriff von Sehnsucht und Fernweh, d. h.: Wer so etwas Schönes wie Neapel gesehen hat, kann getrost sterben.
2 **Blust** (südd. u. schweiz.): Blüte, Blütezeit

1 *a) Untersuche die oben stehende Aufgabenstellung genau und mache dir klar, was von dir verlangt wird. Markiere dazu Begriffe und Formulierungen, die Auskunft darüber geben, was du erarbeiten sollst.*
b) Überlege, was deine Aufgabe ist. Kreuze dann an, welche Aussagen zutreffen.

Ich soll ...

- ☐ nachweisen, dass es sich bei dem Text um eine Kurzgeschichte handelt.
- ☐ den Inhalt des Textes im Präsens zusammenfassend wiedergeben.
- ☐ die Beziehung des Mannes zur Fabrik untersuchen und meine Ergebnisse mit Zitaten belegen.
- ☐ den Aufbau des Textes und die Sprache untersuchen.
- ☐ eine Stellungnahme dazu schreiben, ob arbeiten krank macht.

2 *Erarbeite dir ein genaues Textverständnis. Gehe so vor:*
a) Lies den gesamten Text ein erstes Mal durch und mache dir klar, worum es geht.
b) Notiere, wovon die Geschichte handelt.

c) Lies den Text ein zweites Mal. Gliedere die Geschichte dabei durch Absatzzeichen (⌐) in Handlungsabschnitte und markiere wichtige Textstellen, die Informationen zu den Figuren, zum Ort und zur Zeit, zur Atmosphäre (Stimmung) enthalten, aber auch sprachlich-stilistische Besonderheiten, die dir auffallen.

3 *Mache dir den Inhalt der Geschichte noch einmal deutlich, indem du folgende Fragen beantwortest:*

- Warum hat der Mann eine Bretterwand in seinem Garten gebaut?

- Wie viele Jahre hat der Mann in der Fabrik gearbeitet?

- Warum lässt der Mann Stück für Stück die Bretter der Wand entfernen?

- Wann stirbt der Mann? Was hat sich zum Zeitpunkt des Todes bzw. kurz zuvor verändert?

□ *Mit dem Titel der Kurzgeschichte spielt der Autor Kurt Marti auf das italienische Sprichwort „Neapel sehen und dann sterben“ an. Erläutere kurz, in welcher Beziehung der Titel zum Inhalt der Geschichte steht. Nimm hierzu auch die Hinweise zur Überschrift (▷ Fußnote 1, Seite 22) zu Hilfe.*

4 *Die Aufgabenstellung verlangt – neben einer Inhaltsangabe –, dass du das Verhältnis des Mannes gegenüber der Fabrik untersuchst und hierbei sowohl den Aufbau als auch die sprachlich-stilistische Gestaltung der Geschichte berücksichtigst.*

a) Untersuche anhand des Textes, wie das Verhältnis zwischen dem Mann und der Fabrik beschrieben wird. Markiere im Text Wörter und Wendungen, die dir auffallen, und halte deine Beobachtungen in deinem Heft fest.
Die folgenden Fragen helfen dir:
- ☐ *Wie wird das Verhältnis „Mann – Fabrik" im Verlauf der Geschichte dargestellt? Wo genau ist eine veränderte Haltung des Mannes gegenüber der Fabrik erkennbar? Wodurch wird diese in der Geschichte deutlich?*
- ☐ *Gibt es im Laufe der Geschichte Veränderungen in der Wortwahl und im Satzbau? Welche Wirkung haben sie und in welcher Weise unterstreichen sie die Aussage der Geschichte?*

b) Stelle deine Ergebnisse übersichtlich dar, indem du das folgende Schaubild vervollständigst.

Verhältnis „Mann – Fabrik"

Teil 1 (Zeile 1–18)	**Teil 2 (Zeile 18–47)**
Darstellung der Fabrik	**Darstellung der Fabrik**
– Aufbau der Bretterwand, um die Fabrik nicht mehr zu sehen	– Abbau der Bretterwand, um durch die Fabrik abgelenkt zu werden
– Hass auf die Fabrik	
– Hass auf die Arbeit in der Fabrik	
Teil 1 (Zeile 1–18): sprachlich-stilistische Gestaltung	**Teil 2 (Zeile 18–47): sprachlich-stilistische Gestaltung**
– „die Fabrik" (Z. 2) → unpersönlich	– „seine Fabrik" (Z. 38) → Identifikation wird durch das Possessivpronomen erkennbar

5 *Erstelle eine Gliederung für deinen Aufsatz. Orientiere dich hierbei an dem Muster von Seite 21 und nimm deine Ergebnisse von den Seiten 23–24 zu Hilfe.*

6 *Schreibe nun den gesamten Aufsatz in dein Heft.*
Gehe so vor:
a) Formuliere die Einleitung.

- In der Geschichte ... von ... wird von einem Mann erzählt .../geht es um ...
- Die Geschichte ... von ... handelt von ...

b) Schreibe die Textzusammenfassung, indem du knapp und sachlich über den Inhalt der Geschichte informierst. Schreibe im Präsens (bei Vorzeitigkeit im Perfekt) und mache die Zusammenhänge der Handlung deutlich.

TIPP

A Einleitung
(Informationen über Autor, Titel des Textes, Erscheinungsjahr (falls bekannt), Kernaussage des Textes)

B Textzusammenfassung
Kurze und sachliche Darstellung des Textinhalts

C Beantwortung der weiterführenden Aufgabe
Verhältnis des Mannes zur Fabrik: Aufbau des Textes und sprachlich-stilistische Gestaltung

Ein Mann, der schon 40 Jahre in einer Fabrik arbeitet, hat sich in seinem Garten eine Bretterwand gebaut, um die Fabrik nicht mehr sehen zu müssen, denn er hasst ...
Seine Abneigung gegenüber seiner Arbeitsstelle verändert sich, als er ...

c) Leite nun zur Beantwortung der weiterführenden Aufgabe über und lege deine Ergebnisse dar. Beschreibe die Wirkung der sprachlich-stilistischen Gestaltungsmittel und denke daran, Textbelege anzuführen (▷ Hinweise zum Zitieren findest du auf Seite 9).

Der Autor gliedert die Geschichte in zwei Abschnitte.
Während im ersten Teil (Z. 1–18) die Beziehung des Mannes zu der Fabrik ...
Auffällig ist, dass im ersten Teil fast alle Sätze mit den Worten „Er hasste" beginnen. Mit diesem Parallelismus wird betont ...
Unterstrichen wird dies durch die einfachen, kurzen Sätze, die die Gleichförmigkeit der Arbeit ...
Der zweite Teil der Geschichte (Z. 18–47) beginnt, als der Mann krank wird. Dies ist der Wendepunkt in der Geschichte ...
Das Verhältnis des Mannes zur Fabrik verändert sich ...

7 *Überarbeite deinen Aufsatz mit Hilfe der folgenden Checkliste:*

☑ Checkliste: Erweiterte Inhaltsangabe eines literarischen Textes

- ☐ Ist deine **Einleitung vollständig** (Autor/-in, Titel, Textart, Ort, Zeit und Personen der Handlung sowie Kernaussage des Textes)?
- ☐ Hast du bei der Textzusammenfassung **nur das Wesentliche** wiedergegeben, den Inhalt des Textes **mit eigenen Worten zusammengefasst** und **sachlich formuliert?**
- ☐ Werden die **Zusammenhänge der Handlung** durch treffende Satzverknüpfungen und Satzanfänge dargestellt und der Gedankengang des Textes deutlich?
- ☐ Wird als Tempus das **Präsens,** bei Vorzeitigkeit das Perfekt verwendet?
- ☐ Hast du die **weiterführende Aufgabe** zum Text ausreichend beantwortet? Werden die **Aussagen** anhand des Textes **belegt** (wörtliches oder indirektes Zitat mit Zeilenangaben)?
- ☐ Hast du bei der Beantwortung der weiterführenden Aufgabe auch die **Wirkung und die Funktion der erfassten Merkmale** (z. B. sprachlich-stilistische Mittel, Gestaltung von Anfang und Schluss) beschrieben?
- ☐ Werden einzelne Feststellungen durch **sinnvolle Überleitungen** verbunden, sodass ein zusammenhängender Aufsatz entsteht?
- ☐ Hast du inhaltlich neue Gliederungspunkte durch **Absätze** kenntlich gemacht?

Erörtern

Eine steigernde Erörterung schreiben

Die Themenstellung erschließen

Bei einer Erörterung handelt es sich um die schriftliche Form des Argumentierens.
Man unterscheidet die **steigernde Erörterung,** bei der nur **ein Standpunkt begründet dargelegt** wird, von der **antithetischen Erörterung,** in der **Pro- und Kontra-Argumente gegenübergestellt** werden.
In diesem Kapitel wird die steigernde Erörterung behandelt. Bei der steigernden Erörterung stellst du eine Behauptung (These) auf, die du durch Begründungen (Argumente) stützt und durch Beispiele veranschaulichst. In diesem Kapitel wiederholst du:

- wie du die Themenstellung erschließt,
- wie du überzeugende Argumente und passende Beispiele für deinen Standpunkt findest,
- wie du eine Gliederung für deine Erörterung erstellst und
- wie du deine Erörterung aufbaust und sprachlich überzeugend gestaltest.

1 *Bevor du dir zum Inhalt der Erörterung Gedanken machst, musst du die Themenstellung genau erschließen.*
a) Untersuche die folgenden Themenstellungen genau. Welche Themenstellung fordert eine steigernde, welche eine antithetische Erörterung? Begründe deine Entscheidung, indem du die jeweiligen Schlüsselwörter in den beiden Themenstellungen markierst.

Thema 1:
Die zunehmende Häufung von Dopingfällen im Sport ruft einerseits Forderungen nach härteren Bestrafungen hervor, andererseits werden auch Stimmen laut, die eine generelle Freigabe von Doping fordern. Was spricht für, was gegen eine Freigabe von Doping im Sport?

Thema 2 (=Aufgabenstellung dieses Kapitels):
Sportliche Großereignisse wie die Fußball-WM oder die Tour de France begeistern immer wieder ein Millionenpublikum. Oft wird jedoch die Freude durch das Bekanntwerden von Dopingvergehen getrübt. Zeige die negativen Auswirkungen des Dopings im Sport auf.

b) Benenne den Arbeitsauftrag von Thema 2 knapp und präzise in eigenen Worten, indem du die Themafrage selbst formulierst.

TIPP
Bei der Erschließung der Themenstellung helfen dir folgende Fragen:
- Um welches Thema geht es? Wonach fragt das Thema genau?
- Gibt es Einschränkungen bei dem Thema?
- Welche Signalwörter zeigen an, ob das Thema steigernd oder antithetisch erörtert werden soll?

Eine Stoffsammlung erstellen

!

Um stichhaltig argumentieren zu können, musst du zunächst eine **Stoffsammlung** anlegen, **in der du Informationen, Ideen und Gedanken zu deinem Thema zusammenträgst.** Du kannst deine Stoffsammlung z. B. als Brainstorming in einer Liste oder in einem Cluster festhalten.
Folgende Tipps helfen dir, eine Stoffsammlung zu erstellen:

- Notiere zunächst alles, was dir spontan zum Thema einfällt.
- Stelle W-Fragen zum Thema und zu Schlüsselwörtern (Wer ...?, Wann ...?, Wie ...?, Wozu ...?, Warum ...?, Welche Gründe/Folgen ...? usw.).
- Kläre den Themabegriff, hier z. B. Doping (Definition, Wortfeld, Gegenteil, Ursache und Folge).
- Ziehe, wenn möglich, Informationen aus überprüfbaren Untersuchungen, Statistiken, Zeitungsberichten usw. heran oder sammle Meinungen von Experten und anerkannten Persönlichkeiten.

2 *Bereite eine Stoffsammlung vor. Lies dazu die folgenden Texte (▷ S. 27–28) und markiere dabei alle wichtigen Informationen zum Thema „Doping".*

Was ist Doping?

Doping bedeutet, dass ein Sportler verbotene Medikamente oder unerlaubte Methoden zur Steigerung der sportlichen Leistung anwendet.
Die Dopingverbote werden von den Sportverbänden bestimmt. Der Grund für das Verbot ist in erster Linie die unfaire und nicht trainingsbedingte Leistungssteigerung, die durch diese Dopingmittel hervorgerufen wird. Außerdem wird durch die Einnahme die Gesundheit des Sportlers beeinträchtigt – denn Doping ist ein Risiko!

Doping auf Rezept?

Ein Kommentar von Dieter Lohmann

Doping gehört zum Spitzensport wie Siege, Medaillen und Weltrekorde. Erst recht seit der Wandlung von der „schönsten Nebensache der Welt" zum Vollprofitum greifen immer mehr Athleten zu verbotenen Substanzen, um ihre Leistungsfähigkeit zu steigern. Viel zu verlockend sind die Siege, sind sie doch im wahrsten Sinne des Wortes oft kräftig zu „versilbern". Fleißige Helfer beim Doping: Betreuer, Mediziner und Funktionäre. Für alle „rollt der Rubel" halt schneller und besser mit dem Etikett des Champions auf der Brust.
Wenn man den Sp(r)itzensport nicht vom „Krebsgeschwür" Doping befreien kann, sollte man dann Doping nicht freigeben – vielleicht unter ärztlicher Kontrolle? Auf den ersten Blick erscheint dies als die ideale Lösung: Man würde dem Schwarzmarkt in der Dopingszene das Wasser abgraben, Chancengleichheit für alle herstellen und die Gesundheitsgefahren für die Athleten zumindest teilweise reduzieren.
Aber auch eine Dopingfreigabe produziert ihre eigenen Probleme, mit denen man sich vorab auseinandersetzen muss. Was ist mit der Chancengleichheit für Sportler, die nicht bereit sind, ihrem Körper Hormone, Stimulanzien und Muskelpillen zuzumuten, nur um damit als Sieger aus dem Stadion zu gehen? Wer soll die ärztlich verordneten Medikamente bezahlen? Die Krankenkassen und damit die Allgemeinheit, quasi als „Doping auf Rezept"? Würde eine Dopingfreigabe nicht zu einem Boom in der „Dopingforschung" führen, bei dem immer neue und womöglich noch gefährlichere Mittel auf den Markt kommen? Steht am Ende dieser Kette vielleicht sogar ein „gentechnisch erzeugter Gladiator", der mit einem normalen Sportler genauso viel zu tun hat wie ein Formel-1-Renner mit einem Serienauto?

Härtere Strafen für Dopingsünder

In drei Wochen 3600 km bei der Tour de France – das ist einfach nicht mehr menschlich. Irgendwann macht der Körper nicht mehr mit und man muss anscheinend zu anderen Mitteln greifen. 40.000 Euro jährlich werden für Dopingsubstanzen und Bluttransfusionen bei Spitzenradsportler ausgegeben. In anderen Sportarten, z. B. im Fußball, ist das nicht anders. Für den Radsport wird es immer schwieriger, denn die Sponsoren ziehen sich wegen des Dopings zurück und große Profimannschaften werden geschlossen. Deshalb sollten positiv getestete Fahrer für immer gesperrt werden.
Benedikt Wochinger, 23

EPO und Blutdoping

Das in der Dopingszene bekannt gewordene EPO (Erythropoetin, ein Glykoprotein-Hormon) erhöht die Menge roter Blutkörperchen und damit die Sauerstoffaufnahmefähigkeit des Blutes, aber es verdickt das Blut. Dies kann zu Thrombosen in den Kranzgefäßen und einer Mangeldurchblutung des Herzmuskels führen. Um 1990 setzte sich EPO in der Radfahrerszene durch. Von 2000 an konnte EPO besser nachgewiesen werden und einige Fahrer stiegen auf die mindestens ebenso gefährliche Praktik um, sich Eigenblut zu spritzen.

Das ist in Kauf genommene Körperverletzung

Die Ärzte sollen Atteste gefälscht, Zahlungen verschleiert und Schlimmeres getrieben haben: Gleich nach Jan Ullrichs Suspendierung beim Team Telekom 2006 habe Schmidt bei einer Bluttransfusion Profi Sinkewitz dem „Risiko schwerster Komplikationen" ausgesetzt. Nachdem die Infundierung eines Blutbeutels abgebrochen wurde, weil das Blut klumpte, sei einfach der nächste Beutel angesetzt worden. Auch dieser Infusionsvorgang musste abgebrochen werden. Trotz des halben Liters Blut, „das offensichtlich nicht in Ordnung war", sei Sinkewitz wieder ins Rennen geschickt worden. „Das ist in Kauf genommene Körperverletzung" sagt Dopingexperte Werner Franke dazu.
Manchmal geht es sogar um Leben und Tod: 1967 starb der englische Radprofi Tom Simpson während eines Rennens. In seinem Körper fand man unterschiedliche Dopingsubstanzen und Alkohol.

Anzugdoping im Schwimmsport

Die Weltrekordflut im Schwimmen hat eine Diskussion um die neuen Hightechanzüge ausgelöst. Dabei gibt es eine einheitliche Haltung der führenden europäischen Schwimmnationen. Unter anderem soll das Anzugmaterial eindeutig bestimmt werden. Die Entwicklungen an den Anzügen führten in diesem Jahr zu einer Rekordexplosion. „Das ist Anzugdoping", meint Bundestrainer Dirk Lange. Immer feinere Stoffe verbessern die Lage im Wasser und verringern den Wasserwiderstand. „Es geht nur noch um Kraft und Muskeln", sagt Rückenschwimmer Helge Meeuw, der davor warnt, dass Schwimmen ein „Hightech-Sport" wird. Die Anzugsproblematik führte in Kroatien zu skurrilen Szenen. So trugen Schwimmer zwei oder drei Anzüge übereinander. Was zunächst unsinnig erscheint, erzeugt Luftpolster und einen verbesserten Auftrieb. Kaum aus dem Becken, reißen sich die Athleten die engen Anzüge vom Körper. Den französischen Rekord-Freistilschwimmern sollen ihre Anzüge sogar im Wortsinn auf den Leib geschneidert worden seien – als teures Einmalprodukt.

3 *Schreibe zwei Argumente, die gegen das Doping im Sport sprechen, in deinen eigenen Worten auf.*

4 *Lege eine Stoffsammlung für deine Erörterung an, in der du in Stichworten festhältst, welche negativen Auswirkungen das Doping im Sport mit sich bringt. Nimm hierzu die Informationen aus den Texten zum Thema „Doping" (▷ S. 27–28) sowie die Hinweise zur Stoffsammlung im Merkkasten (▷ S. 27) zu Hilfe.*
Du kannst das folgende Cluster fortführen oder in deinem Heft selbst eine Stoffsammlung zur Themafrage anlegen.

Thema: Erörtere, welche negativen Auswirkungen das Doping im Sport mit sich bringt.

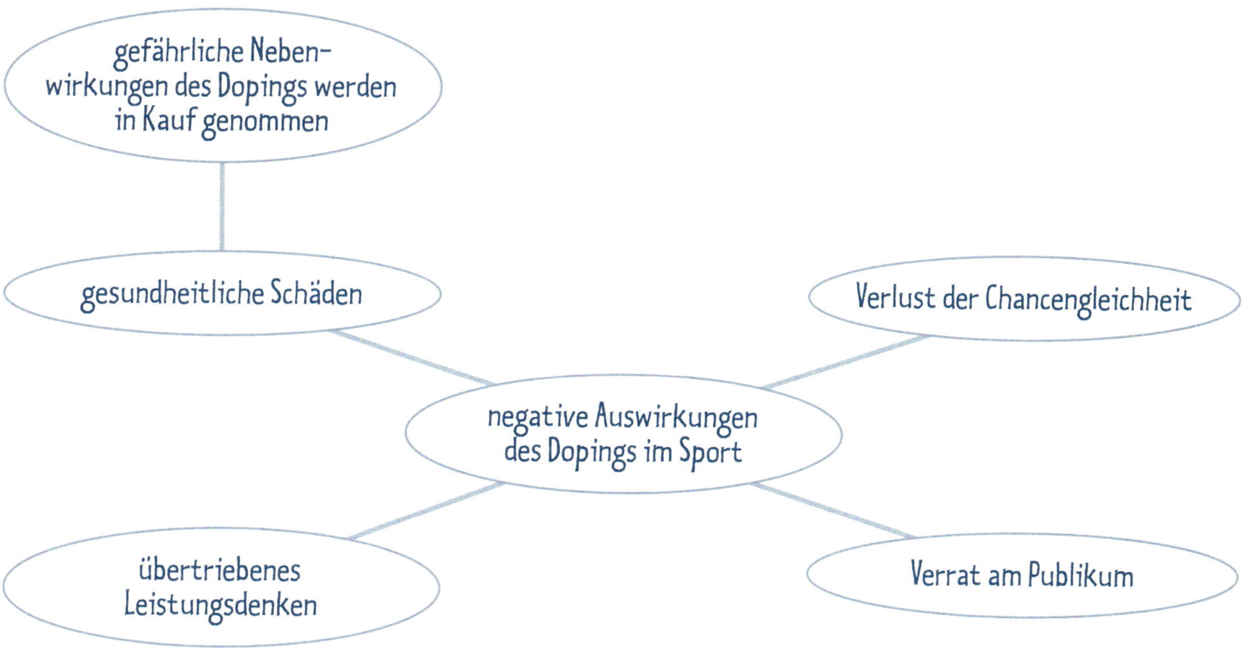

Den Stoff ordnen

Die Stoffordnung ist die Vorstufe zur Gliederung. Es geht darum, aus den gesammelten Ideen die brauchbaren Gedanken herauszufiltern und diese nach Oberbegriffen zu ordnen.
Um den gesammelten Stoff nach inhaltlich zusammengehörenden Gesichtspunkten zu ordnen, kannst du folgendermaßen vorgehen:
- Streiche alle Punkte durch, die nicht exakt zum Thema passen.
- Suche aus der Stoffsammlung alle zusammengehörenden Punkte heraus (z. B. indem du sie auf die gleiche Weise markierst) und formuliere dann jeweils einen passenden Oberbegriff. Trenne dabei Argumente von Beispielen.
- Fasse die Punkte, die sich inhaltlich überschneiden, zusammen.

5 *Formuliere für die folgenden Unterpunkte einen geeigneten Oberbegriff.*

Oberbegriff: ______________________

Unterpunkte:
- Die Zuschauer erwarten unmenschliche Höchstleistungen von den Sportlern.
- Jede unehrlich erreichte Leistung erhöht den Druck auf die anderen Sportler.

6 *Entscheide, welche Punkte sich als Oberbegriffe und welche sich als Unterpunkte eignen, und kreuze jeweils das entsprechende Kästchen an.*

Punkte aus der Stoffsammlung	Oberbegriffe	Unterpunkte
Die Dopingmittel schädigen die Gesundheit der Sportler.	☐	☐
Durch Doping kann es sogar zu Todesfällen kommen.	☐	☐
Ehrliche Sportler und ärmere Nationen werden benachteiligt.	☐	☐
Die Dopingmittel haben gefährliche Nebenwirkungen.	☐	☐
Die Chancengleichheit im Sport geht durch Doping verloren.	☐	☐

7 *Ordne deine Stoffsammlung (▷ Aufgabe 4, Seite 29) nach Oberbegriffen und Unterpunkten und schreibe sie übersichtlich in dein Heft.*

TIPP

Für die gedankliche Ordnung der Stoffsammlung kann das Arbeiten mit der **Begriffsreihen-Methode** hilfreich sein.
Mögliche Begriffsreihen sind:
- körperlich (physisch), seelisch (psychisch)
- materiell, ideell
- Gesellschaft, Familie, Freunde, der Einzelne
- politisch, wirtschaftlich, kulturell, sozial, persönlich
- Erscheinungsformen, Ursachen, Wirkungen, Folgen
- Ziele, Möglichkeiten, Grenzen

Die Gliederung erstellen

!

Die Gliederung ist der „Bauplan“ bzw. das **Inhaltsverzeichnis für deine Erörterung** und gibt eine Übersicht über Einleitung (Hinführung zum Thema), Hauptteil (Argumentationsgang) und Schluss (Abrundung des Themas).

- Da du jeden Punkt deiner Gliederung zu einem eigenen Argumentationsabschnitt ausarbeiten musst, solltest du **zu jedem Oberbegriff mindestens zwei Unterpunkte** finden.
- **Ordne** deine **Argumente steigernd an:** Beginne mit dem schwächsten Argument und stelle das stärkste an das Ende des Hauptteils.
- Achte auf ein **einheitliches Gliederungsformat:** entweder traditionell oder nummerisch.
- **Formuliere** alle **Gliederungspunkte einheitlich,** entweder im Nominalstil (Stichpunkte mit Nomen und/oder Nominalisierungen) oder im Verbalstil (ganze Sätze).

traditionelle Gliederung:
A. Einleitung
B. Hauptteil
  I. Argument
    1. Unterpunkt
    2. Unterpunkt
  II. Argument
    1. Unterpunkt
    ...
  III. Argument
    1. Unterpunkt
    ...
C. Schluss

nummerische Gliederung:
1 Einleitung
2 Hauptteil
  2.1 Argument
    2.1.1 Unterpunkt
    2.1.2 Unterpunkt
  2.2 Argument
    2.2.1 Unterpunkt
    ...
  2.3 Argument
    2.3.1 Unterpunkt
    ...
3 Schluss

8 *Nummeriere die Oberpunkte deiner Stoffordnung (▷ Aufgabe 7, Seite 30) nach ihrer Wichtigkeit (1 = das schwächste Argument).*

9 *a) Formuliere die folgenden Gliederungspunkte vom Verbalstil (ganze Sätze) in den Nominalstil (Stichpunkte mit Nomen und/oder Nominalisierungen) um.*

Verbalstil: Durch Doping wird ein übertriebenes Leistungsdenken gefördert.

Nominalstil: **Förderung** eines übertriebenen Leistungsdenkens durch Doping

Verbalstil: Die Zuschauer erwarten unmenschliche Höchstleistungen von den Sportlern.

Nominalstil: ______________________

____

Verbalstil: Durch den Leistungsdruck entsteht ein Dopingzwang.

Nominalstil: ______________________

____

*b) Erstelle den **Hauptteil einer Gliederung** zum Thema „Welche negativen Auswirkungen hat das Doping im Sport?“. Verwende hierzu deine Stoffordnung aus Aufgabe 7 (▷ S. 30) und berücksichtige die Tipps zur Gliederung im obigen Merkkasten.*
Schreibe in dein Heft.

Die sprachliche Gestaltung der Argumentation

!

Der Hauptteil deiner Erörterung enthält die Argumentation. Nur wer ausführlich und zusammenhängend argumentiert, wird andere überzeugen können. Deshalb müssen Behauptungen begründet und mit Beispielen veranschaulicht werden. Häufig ist es auch sinnvoll, noch einmal den Bezug zum Thema herzustellen.
So ergibt sich folgende **Argumentationskette** (die vier **B**s):
Behauptung → **B**egründung → **B**eispiel → **B**ezug bzw. Rückführung zum Thema.
Beim Schreiben deiner Argumentation solltest du auf Folgendes achten:

- **Absätze:** Die gedankliche Gliederung deiner Erörterung musst du auch durch Absätze zwischen den einzelnen Argumentationsschritten deutlich machen.
- **Reihenfolge der Argumentationsschritte:** Die Reihenfolge der Argumentationsschritte muss mit der Reihenfolge deiner Gliederung übereinstimmen. Innerhalb eines Argumentationsschritts ist die Reihenfolge von Behauptung, Begründung(en) und Beispiel(en) jedoch frei.
- **Gegenargumente:** Oft überzeugt eine Argumentation noch mehr, wenn du mögliche Gegenargumente nennst und diese widerlegst.

10 *Deine Argumentationskette sollte stets vollständig sein (Behauptung, Begründung, Beispiel(e), Bezug zum Thema).*
a) Markiere im folgenden Textausschnitt die einzelnen Bausteine der Argumentationskette in unterschiedlichen Farben (z. B. Behauptung = rot; Begründung = grün, Beispiel = gelb; Bezug zum Thema = blau).
Benenne dann die Bausteine in der Randspalte.

Noch schwerwiegender ist jedoch, dass die zunehmende Verbreitung von	Behauptung
Doping im Sport letztlich einen Verlust der Chancengleichheit mit sich	
bringt. Eine wichtige Rolle spielt hierbei, dass die Dopingmittel oder auch	
die besondere Ausrüstung, die dem Sportler Vorteile gegenüber seinen Kon-	
kurrenten verschafft, sehr viel kosten. So sind beispielsweise bei Spitzen-	
radsportlern jährliche Ausgaben für Dopingsubstanzen und Bluttransfusio-	
nen von über 40.000 Euro bezeugt. Als ein weiteres Beispiel lässt sich der	
Schwimmsport heranziehen, in dem es sich reiche Nationen leisten können,	
ihren Sportlern teure Schwimmanzüge auf den Leib schneidern zu lassen –	
eine Art von Hightech-Doping. Dies zeigt, dass ehrliche Sportler, die nicht	
dopen, oder ärmere Nationen, die nicht die Geldmittel für diese Dopingmit-	
tel haben, stark benachteiligt werden und weniger Chancen haben zu	
gewinnen.	

b) Wenn du immer nach demselben Argumentationsschema vorgehst, kann dies für den Leser eintönig werden. Du kannst die Abfolge der Bausteine variieren, indem du z. B. mit einem Beispiel anfängst, dann die Begründungen folgen lässt und die Behauptung ans Ende stellst. Formuliere den obigen Textausschnitt um und verändere dabei die Reihenfolge der Argumentationsbausteine. Achte darauf, die Teile sinnvoll zu verbinden. Formulierungshilfen findest du auf Seite 36. Schreibe in dein Heft.

11 *Formuliere die folgenden Bausteine zu einer Argumentationskette aus, sodass die Zusammenhänge deutlich werden. Formulierungshilfen für die Ausgestaltung der Argumentation findest du auf Seite 36. Schreibe in dein Heft.*

Behauptung		Begründung		Beispiel		Bezug zum Thema
Durch Doping wird die Gesundheit der Sportler geschädigt.	→	Die eingesetzten Mittel bringen oft gefährliche Nebenwirkungen mit sich.	→	Das Blutdoping kann zu Thrombosen und einer Mangeldurchblutung des Herzmuskels führen.	→	■ Das zeigt ... ■ Es wird deutlich, dass ...

12 *Oft überzeugt eine Argumentation noch mehr, wenn sie mögliche Gegenargumente nennt und diese widerlegt. Ergänze deine Argumentation aus Aufgabe 11, indem du eines der folgenden Gegenargument nennst und dieses entkräftest. Die Formulierungshilfen im Tippkasten helfen dir dabei.*

- Profisportler stehen unter der Betreuung von Teamärzten, was die gesundheitlichen Risiken verkleinert.
- Bei sachgemäßer Einnahme sind die gesundheitlichen Risiken des Dopings überschaubar.
- Der Rückgriff auf leistungssteigernde Substanzen ist die Privatsache des Sportlers.

TIPP

Gegenargumente nennen und entkräften
- □ Sicherlich ist es ein berechtigter Einwand, wenn ... Dem kann man jedoch entgegenhalten, dass ...
- □ Obwohl einige der Meinung sind ... Dabei wird jedoch vergessen ...
- □ Man könnte einwenden ... Zu bedenken ist allerdings ...

Einleitung und Schluss verfassen

Einleitung: In der Einleitung führst du in das Thema ein, z. B. durch ein aktuelles Ereignis (z. B. Zeitungsmeldung, Umfrage etc.), ein persönliches Erlebnis, einen historischen Rückblick oder die Erklärung eines zentralen Begriffs, und leitest dann zum Hauptteil über. Achte darauf, keine Argumente aus dem Hauptteil vorwegzunehmen.
Schluss: Der Schluss soll das Thema abrunden, aber keine neuen Argumente beinhalten. Du kannst noch einmal deinen Standpunkt zusammenfassen, einen persönlichen Wunsch oder eine Forderung formulieren oder den Einleitungsgedanken wieder aufgreifen.

13 *a) Ergänze die Leerstellen in der folgenden Tabelle, indem du die Art der Einleitung angibst bzw. den Gliederungspunkt im Nominalstil formulierst.*
b) Formuliere eine Einleitung für deine Erörterung. Schreibe in dein Heft.

Art der Einleitung	Formulierung in der Gliederung (Nominalstil)
– aktuelles Ereignis	Ausstieg der öffentlich-rechtlichen Fernsehsender aus der Berichterstattung über die Tour de France auf Grund wiederholter Dopingfälle
– Definition des Themabegriffs	
–	Belege für gezielte Ernährung und für die Einnahme leistungssteigernder Substanzen schon in der Antike

14 *a) Formuliere zwei mögliche Schlussteile für deine Erörterung zum Thema „Negative Auswirkungen des Dopings im Sport“. Du kannst hierzu die Bausteine und die Formulierungshilfen im Tippkasten verwenden.*
b) Notiere für deine beiden Schlussteile jeweils einen Gliederungspunkt im Nominalstil.

15 *a) Schreibe nun eine vollständige Erörterung zum Thema „Welche negativen Auswirkungen hat das Doping im Sport?“ in dein Heft. Nimm dazu auch deine Ergebnisse der vorigen Seiten zu Hilfe.*
b) Überarbeite deine Erörterung mit Hilfe der Checkliste von Seite 37.

TIPP

Inhaltliche Bausteine für den Schluss
- ☐ Neue Begeisterung für den Sport selbst
- ☐ Verantwortungsvoller Umgang mit der eigenen Gesundheit
- ☐ Sport ist Mord?
- ☐ Gefahr der Ausweitung auf andere Bereiche: Gehirndoping, Gendoping
- ☐ Lebenslange Sperre für überführte Doper?

Formulierungshilfen für den Schluss
- ☐ Meiner Ansicht nach sollte man ...
- ☐ Zusammenfassend lässt sich sagen, dass ...
- ☐ Insgesamt wird also deutlich, dass ...
- ☐ In Zukunft sollte man ...
- ☐ Eine mögliche Lösung könnte sein ...
- ☐ Ich würde mir wünschen ...
- ☐ Persönlich bin ich der Meinung, dass ...

Fit für die Schulaufgabe: Eine steigernde Erörterung schreiben

Folgender Arbeitsauftrag wurde in einer Schulaufgabe gestellt:
Schreibe eine Erörterung zu folgendem Thema: Warum ist es sinnvoll, ein Praktikum in der 9. Klasse zu machen?

1 *a) Untersuche die obige Aufgabenstellung genau und mache dir klar, was von dir verlangt wird.*
b) Formuliere das Thema der Erörterung in deinen eigenen Worten.

2 *Lege eine Stoffsammlung für deine Erörterung an, in der du in Stichworten Ideen, Gedanken und Informationen zum Thema festhältst. Du kannst das folgende Cluster fortführen oder in deinem Heft selbst eine Stoffsammlung anlegen (▷ Hinweise zur Stoffsammlung auf Seite 27).*

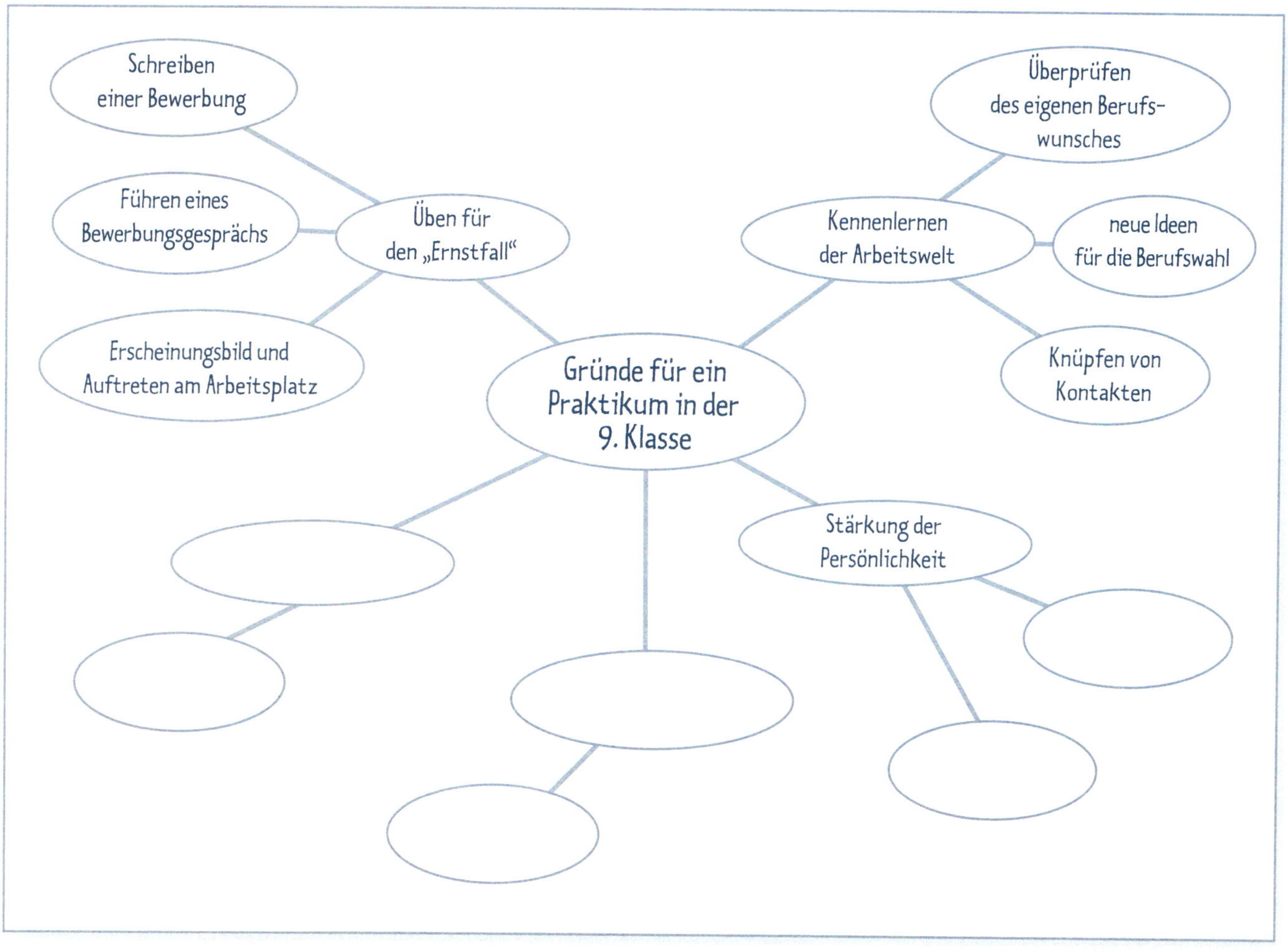

3 *a) Ordne deine Stoffsammlung:*
- ☐ *Streiche alle Punkte durch, die nicht exakt zum Thema passen.*
- ☐ *Suche aus der Stoffsammlung alle zusammengehörenden Punkte heraus (z. B. indem du sie auf die gleiche Weise markierst) und formuliere dann jeweils einen passenden Oberbegriff. Trenne dabei Argumente von Beispielen.*
- ☐ *Fasse die Punkte, die sich inhaltlich überschneiden, zusammen.*
- ☐ *Ergänze gegebenenfalls fehlende Argumente und Beispiele.*

b) Schreibe deine Stoffordnung übersichtlich auf, z. B. in einer Tabelle oder in einer Mind-Map. Ordne hierbei jedem Oberbegriff passende Unterpunkte zu und ergänze gegebenenfalls fehlende Punkte.

Eine antithetische Erörterung schreiben

Die Themenstellung erschließen

!

Bei einer **antithetischen Erörterung** (auch Pro-und-Kontra-Erörterung) ist der im Thema formulierte Sachverhalt strittig. Deshalb **werden Gründe, die für (pro) eine These sprechen, und Gründe, die gegen (kontra) diese These sprechen, einander gegenübergestellt.** Dann wird ein Fazit gezogen, in dem der eigene Standpunkt deutlich formuliert wird.
In diesem Kapitel wiederholst du:
- ☐ wie du die Themenstellung erschließt,
- ☐ wie du überzeugende Argumente für die Pro- und die Kontra-Blöcke der Erörterung findest,
- ☐ wie du eine Gliederung für deine Erörterung erstellst,
- ☐ wie du deine Erörterung aufbaust und sprachlich überzeugend gestaltest.

1 *Bevor du dir zum Inhalt der Erörterung Gedanken machst, musst du die Themenstellung genau erschließen.*
a) Untersuche die folgende Themenstellung genau. Markiere das Thema der Erörterung und die Schlüsselbegriffe, die auf eine antithetische Erörterung hinweisen, in unterschiedlichen Farben.

In Österreich durften bei der Nationalratswahl am 28. September 2008 erstmals schon Jugendliche im Alter von 16 Jahren wählen. Eine gute Idee – warum nicht auch für Deutschland? Soll in Deutschland das Wahlalter von 18 auf 16 Jahre herabgesetzt werden? Setze dich mit dieser Frage kritisch auseinander.

b) Kreuze an, welche Aussagen zutreffen:

Wonach fragt das Thema?

- ☐ Müssen Jugendliche wählen?
- ☐ Wer darf wählen?
- ☐ Muss der Ablauf unserer Wahl (Wahlordnung) reformiert werden?
- ☐ Soll das Wahlalter von 18 auf 16 Jahre gesenkt werden?

TIPP

Tipps zur Erschließung der Themenstellung:
- ☐ Um welches Thema geht es?
- ☐ Gibt es Einschränkungen bei dem Thema?
- ☐ Welche Signalwörter zeigen an, ob das Thema steigernd oder antithetisch erörtert werden soll?

▷ Bei der antithetischen Erörterung liegt eine **Entscheidungsfrage** zu Grunde. Sie verlangt ein Abwägen von Pro- und Kontra-Argumenten. Signalwörter, die auf eine antithetische Erörterung hinweisen, sind z. B.: *Vor- und Nachteile, Für und Wider, Ja oder Nein, positive und negative Aspekte, Setze dich kritisch auseinander.*

2 *Steigernde oder antithetische Erörterung? Untersuche die folgenden Themenstellungen, indem du Thema und Schlüsselbegriffe markierst und dann entscheidest, welche Art der Erörterung vorliegt.*

A Sollte man regelmäßig eine Tageszeitung lesen?
- ☐ steigernd
- ☐ antithetisch

B Shoppen rund um die Uhr? Welche Vor- und Nachteile hätte die Aufhebung der gesetzlichen Ladenschlusszeiten?
- ☐ steigernd
- ☐ antithetisch

C Erörtere, welche Vorteile ein Schuljahr im Ausland hat.
- ☐ steigernd
- ☐ antithetisch

D Viele Jugendliche verlassen heute erst sehr spät ihr Elternhaus. Sollten Kinder ihr Elternhaus mit Erreichen der Volljährigkeit verlassen? Setze dich mit dieser Frage kritisch auseinander.
- ☐ steigernd
- ☐ antithetisch

Stoffsammlung und Stoffordnung erstellen

!

Bei einer antithetischen Erörterung, in der **Gründe, die für (pro) eine These sprechen, und Gründe, die gegen (kontra) diese These sprechen, einander gegenübergestellt** werden, bietet es sich an, die Stoffsammlung als zweispaltige Tabelle (z. B. Pro – Kontra, Vorteile – Nachteile usw.) anzulegen oder die Gedanken und Ideen in einer Mind-Map (engl. Gedankenlandkarte) gleichzeitig zu ordnen und vorzustrukturieren. Weitere Tipps zur Stoffsammlung findest du auf Seite 27.

3 *Bereite deine Stoffsammlung zum Thema „Sollte das Wahlalter in Deutschland von 18 auf 16 Jahre herabgesetzt werden?" vor. Lies die folgenden Texte und markiere dabei alle wichtigen Informationen zum Thema.*

Früher Demokratie wagen

In Österreich dürfen Jugendliche schon mit 16 wählen. Eine gute Idee – warum nicht auch für Deutschland?

Ein Kommentar von Carsten Lißmann

Es war der 31. Juli des Jahres 1970, als die Abgeordneten des Deutschen Bundestages Mut bewiesen. Sie senkten das Mindestwahlalter, das bis dahin bei 21 Jahren lag. Seitdem steht in Artikel 38 des Grundgesetzes: „Wahlberechtigt ist, wer das achtzehnte Lebensjahr vollendet hat."

Die Regierung Österreichs ist nun noch einen Schritt weiter gegangen. Schon mit 16 Jahren konnten Jugendliche bei den österreichischen Nationalratswahlen teilnehmen. Die Initiative ist Teil einer groß angelegten Demokratiereform. Die Parteien sollen so ermuntert werden, aktiv auf die junge Generation zuzugehen. Das ist schön gedacht, doch es gibt viel bessere Argumente. Eines davon der Satz, der so oder ähnlich in jeder demokratischen Verfassung steht: „Alle Macht geht vom Volke aus." In Deutschland ist das Artikel 20 des Grundgesetzes.

Doch wie ist es zu erklären, dass einem erheblichen Teil des Volkes diese Macht schon wenige Artikel später wieder genommen wird, wenn es um das Wahlalter geht?

Etwa ein Fünftel der deutschen Bürger ist jünger als 20. Der größte Teil von ihnen (nämlich alle unter 18-Jährigen) darf überhaupt nicht wählen; und weil der Bundestag nur alle vier Jahre gewählt wird, haben auch die meisten jetzt 20-Jährigen noch nie ein Wahllokal von innen gesehen.

Dabei haben viele Entscheidungen, welche die Politiker treffen, direkte Auswirkungen auf ihre Zukunft. Beispiel Studiengebühren: Wer im vergangenen Jahr 17 war, wird erst 2009 zum ersten Mal seine Stimme abgeben dürfen – und dann womöglich bereits im vierten oder fünften Semester eingeschrieben sein. Solche Beispiele gibt es viele: Ausbildungsmarkt, Auslandseinsätze der Bundeswehr, Rente mit 67, die Förderung junger Familien und Mütter.

Wer kann erklären, weshalb die Generation 65 plus, die durchschnittlich ebenfalls etwa 20 Prozent der Bevölkerung ausmacht, Einfluss auf solche politischen Richtungsentscheidungen nehmen kann, deren Auswirkungen in

eine für sie unerreichbare Zukunft fallen, nicht aber diejenigen, die davon betroffen sind?

Konsequent zu Ende gedacht hieße das, jedem Menschen ein Wahlrecht ab Geburt einzuräumen. Dagegen gibt es viele berechtigte Einwände: Die Befürchtungen vieler Gegner des Jugendwahlrechts verweisen darauf, dass sich die Jugendlichen in ihrer politischen Haltung zu sehr vom Mainstream absetzen möchten und damit aus Protest extreme Parteien wählen könnten. Zudem würde je nach Bundesland die Zahl der Wahlberechtigten steigen, was einen deutlich erhöhten Organisationsaufwand bedeutet.

Aber warum liegt die Altersgrenze ausgerechnet bei 18 Jahren? Schon im Alter von sieben Jahren sind Kinder beschränkt geschäftsfähig, das heißt, sie dürfen unter Vorbehalt Verträge eingehen. Mit 14 werden sie strafmündig. In der Definition der Gesetzgeber heißt das, sie sind in der Lage, die Folgen ihres Handelns zu überschauen. Mit 16 Jahren dürfen Jugendliche Moped fahren, Bier und Wein kaufen, sich zum Polizisten ausbilden lassen. Wenn ihnen all das zugetraut wird, warum dann nicht das so grundlegende Wahlrecht?

Warum das Wahlalter bei 18 Jahren bleiben sollte

FDP und Grüne sind schon länger dafür, die SPD zieht nun nach: Die Parteien wollen das Wahlalter von 18 auf 16 Jahre senken, das soll die Politikverdrossenheit unter Jugendlichen bekämpfen. Eine schlechte Idee – findet Ralf Neukirch.

Warum will man Leuten das wichtigste demokratische Recht gewähren, denen man ohne Einwilligung der Eltern nicht mal den Abschluss eines Handy-Vertrags zutraut? Die Befürworter eines niedrigeren Wahlalters nennen im Wesentlichen zwei Argumente: Auch 16-Jährige könnten vernünftige Wahlentscheidungen treffen. Und wenn man Jugendliche als politische Akteure ernst nimmt, bekämpft man die Politikverdrossenheit.
Das klingt plausibel, ist es aber nicht. Mit Sicherheit gibt es eine Reihe von 16-Jährigen, die klüger und vernünftiger sind als mancher 40-Jährige. Trotzdem sind sie erst mit 18 Jahren uneingeschränkt geschäftsfähig, sie sind dann volljährig und dürfen harten Alkohol trinken und schwere Motorräder fahren. Daran will die Politik aus guten Gründen nichts ändern. Dann aber soll sie auch vom Wahlalter die Finger lassen. Zwischen Wahlalter und Volljährigkeit gibt es einen inneren Zusammenhang. Warum soll jemand über die Geschicke des Staates mitentscheiden dürfen, den man noch nicht für reif genug hält, seine privaten Lebensverhältnisse zu regeln?
Um die politische Mündigkeit der 16-Jährigen ist es ohnehin nicht sonderlich gut bestellt. Eine Studie der Universität Hohenheim kam im vergangenen Jahr zu dem Ergebnis, dass viele Jugendliche in dem Alter gar nicht wissen, worum es bei einer Wahl eigentlich geht. Sie verstehen Politikerreden nicht und stehen ratlos vor dem Begriff „Opposition“. Vor dem Wahlrecht müsste erst einmal die politische Bildung reformiert werden.
Ja, sagen nun die Befürworter eines geringeren Wahlalters, aber die Politikverdrossenheit! Es sei problematisch und gefährlich, dass sich die Bevölkerung abwendet vom politischen Prozess. Aber: Statistisch würde die Politikverdrossenheit sogar steigen, da diese an der Wahlbeteiligung gemessen wird. Weil junge Leute seltener zur Wahl gehen als ältere, würde die Wahlbeteiligung insgesamt sinken. Das gäbe dann wieder reichlich Anlass zur Klage.
Beim Wahlrecht mit 16 geht es weniger um die Interessen der jungen Leute, sondern um die der Politiker. Ein früheres Wahlalter wird von den Parteien gefordert, die glauben, dass sie bei den Jungen mehr Stimmen holen können. Das ist kein guter Grund, an der Verfassung herumzuhantieren.
Die SPD sollte sich die Erfahrung ihrer österreichischen Schwesterpartei zu Herzen nehmen. Die setzte vor der jüngsten Nationalratswahl das Wahlrecht ab 16 Jahren durch, weil sie glaubte, sie könne so ihren Wähleranteil erhöhen. Am Ende verlor die SPÖ sechs Prozentpunkte. Dafür wählten 44 Prozent der 16- bis 19-Jährigen die rechte FPÖ.

Angesichts von Parteien- und Politikverdrossenheit müssen neue Wähler her. Während sich immer mehr Alte frustriert von Politik und Wahlen abwenden, muss man die Wählerpotenziale von unten neu auffüllen. Der Nachteil der 16- bis 18-Jährigen liegt zweifellos in ihrer mangelnden Lebenserfahrung und leichten Beeinflussbarkeit. Kann man den Alten schon lange nichts mehr vormachen – oder zumindest immer weniger –, gehen die Jungen noch naiver an die Sache ran.
Gregor Isenbort, 17 Jahre

Ich finde es gut, wenn 16-Jährige wählen dürfen, denn in diesem Alter fangen Jugendliche an, sich für Politik zu interessieren. Und sie würden dann eben auch Politiker wählen, die sich für sie einsetzen, z. B. für die Ausbildungsmöglichkeiten der Jugendlichen. Ich würde wählen gehen. Vorher würde ich Zeitung lesen und Wahlprogramme vergleichen. Ich sehe Nachrichtensendungen, interessiere mich für Politik und denke, dass viele Jugendliche durchaus in der Lage sind, für sich und das Gemeinwesen Verantwortung zu tragen.
Anna-Yvonne Armer, 16 Jahre

Schwer zu sagen, wie ich das mit dem Wahlrecht für 16-Jährige finde. Auf der einen Seite ist es gut, weil man sich schon früh an der Demokratie beteiligen und auch eigene Interessen geltend machen könnte.
Auf der anderen Seite interessieren sich viele Jugendliche nicht für Politik, informieren sich nicht und sind dadurch leicht beeinflussbar.
Barbara Witt, 16 Jahre

Wenn man das Wahlalter senken will, muss man in der Schule zwei Wochenstunden „politische Grundbildung“ machen. Sonst geht der Schuss nach hinten los, denn viele Jugendliche würden auch die radikalen Parteien wählen.
Wanda Maanema, 15 Jahre

4 *Lege eine Stoffsammlung an, indem du in Stichworten festhältst, was für und was gegen die Herabsetzung des Wahlalters auf 16 Jahre spricht. Übertrage dazu die folgende Tabelle in dein Heft und ergänze sie. Nimm auch die Informationen aus den Texten (▷ S. 39–40) zu Hilfe.*

Thema: Soll das Wahlalter in Deutschland von 18 auf 16 Jahre herabgesetzt werden?

Pro **Gründe für die Senkung des Wahlalters auf 16 Jahre**	**Kontra** **Gründe gegen die Senkung des Wahlalters auf 16 Jahre**
– Jugendliche würden sich mehr für Politik interessieren	– politisches Wissen und Erfahrungen fehlen
– Jugendliche könnten mitbestimmen	– Jugendliche sind leicht beeinflussbar
– ...	– ...

5 *Ordne nun deine Stoffsammlung nach inhaltlich zusammengehörenden Gesichtspunkten. Schreibe in dein Heft.*
- ☐ *Bilde Oberbegriffe und ordne diesen die dazugehörenden Unterpunkte zu.*
- ☐ *Streiche Stichworte und Aspekte, die nicht exakt zum Thema passen.*
- ☐ *Fasse Punkte, die sich inhaltlich überschneiden, zusammen.*

Beispiel:

	Pro Gründe für die Senkung des Wahlalters auf 16 Jahre	**Kontra** Gründe gegen die Senkung des Wahlalters auf 16 Jahre
Oberbegriff	**Jugendliche würden sich mehr für Politik interessieren**	**Jugendliche haben noch wenig politisches Wissen und Erfahrung mit der Politik**
Unterpunkte	– Jugendliche wollen politische Verantwortung übernehmen – Meinung und Position der Jugendlichen werden aufgewertet – ...	– ...
Oberbegriff	**Meinung der Jugendlichen muss in einer Demokratie vertreten sein**	**politische Landschaft könnte sich negativ verändern**
Unterpunkte	– ...	– Jugendliche neigen dazu, aus Protest extremistische Parteien zu wählen – ...

!

Die **Stoffordnung ist die Vorstufe zur Gliederung.** Es geht darum, aus den gesammelten Ideen die brauchbaren Gedanken herauszufiltern und diese nach Oberbegriffen zu ordnen.
Um den gesammelten Stoff nach inhaltlich zusammengehörenden Gesichtspunkten zu ordnen, kannst du folgendermaßen vorgehen:
- ☐ Streiche alle Punkte durch, die nicht exakt zum Thema passen.
- ☐ Suche aus der Stoffsammlung alle zusammengehörenden Punkte heraus (z. B. indem du sie auf die gleiche Weise markierst) und formuliere dann jeweils einen passenden Oberbegriff. Trenne dabei Argumente von Beispielen.
- ☐ Fasse die Punkte, die sich inhaltlich überschneiden, zusammen.

Die Gliederung erstellen

Auch die antithetische Erörterung besteht aus Einleitung, Hauptteil und Schluss. Anders als bei der steigernden Erörterung gliedert sich die **Darlegung der Argumente im Hauptteil in zwei Blöcke: einen Pro- und einen Kontra-Teil. Am Schluss des Hauptteils ziehst du ein Fazit,** indem du deinen eigenen Standpunkt deutlich formulierst.

- Bevor du die Gliederung erstellst, musst du dich für Pro oder Kontra entscheiden, denn die **Argumente für deine eigene Position stellst du ans Ende des Hauptteils,** weil die zuletzt genannten Begründungen dem Leser besser im Gedächtnis bleiben.
- **Innerhalb der Pro- und Kontra-Blöcke** geht man in der Regel folgendermaßen vor:
  Bei der Darstellung der Gegenposition (Gegenthese) beginnt man mit dem stärksten Argument und geht Schritt für Schritt zum schwächeren über. Bei der Darlegung der eigenen Position fängt man mit dem schwächsten Argument an und lässt dann immer stärkere folgen.

Auch für die antithetische Gliederung gilt: Die Gliederungspunkte müssen einheitlich formuliert werden, entweder im Nominalstil oder im Verbalstil (▷ Seite 31). Das Gliederungsmuster muss einheitlich erstellt werden: entweder nummerisch oder traditionell (▷ Seite 31).

6 *Erstelle den **Hauptteil deiner Gliederung** zum Thema „Soll das Wahlalter in Deutschland von 18 auf 16 Jahre herabgesetzt werden?". Verwende hierzu deine Stoffordnung aus Aufgabe 5 (▷ S. 41). Gehe so vor:*

a) Die Argumente für deine Meinung stellst du ans Ende des Hauptteils. Entscheide, welche Meinung du zum Thema hast, und notiere deinen Standpunkt in Stichworten.

____

____

b) Bringe nun deine Argumente in die richtige Reihenfolge und entwirf eine Gliederung. Beginne mit der Darstellung der Gegenposition (vom stärksten zum schwächsten Argument) und führe dann die Argumente für deine Position an (vom schwächsten zum stärksten Argument). Schreibe in dein Heft.

Beispiel: Anfang einer Gliederung für (pro) die Herabsetzung des Wahlalters im Nominalstil

A. Beteiligung von Jugendlichen ab 16 Jahren bei österreichischen Nationalratswahlen 2008
B. Herabsetzung des Wahlalters von 18 auf 16 Jahre auch in Deutschland?
   I. Gründe gegen die Herabsetzung des Wahlalters auf 16 Jahre
      1. Negative Veränderung der politischen Landschaft
         a) Tendenz Jugendlicher zur Protesthaltung
         b) Zunahme von extremistischen Parteien
      2. ...
         a) ...
         b) ...
   II. Gründe für die Herabsetzung des Wahlalters auf 16 Jahre
      1. Motivation für Interesse an Politik
         a) ...
         b) ...
      2. Vertretung der Interessen von Jugendlichen in Gesellschaft
         a) ...
         b) ...
      3. ...
         a) ...
         b) ...
   III. Fazit: Herabsetzung des Wahlalters auf 16 Jahre auch in Deutschland
C. Konsequenzen für den Sozialkundeunterricht in der Schule

Bauprinzip für den Hauptteil der antithetischen Erörterung

These
(Gegenposition)
Argument 1
Argument 2
Argument 3

These
(eigene Position)
Argument 1
Argument 2
Argument 3

Fazit

Die sprachliche Gestaltung der Argumentation

Der Hauptteil deiner Erörterung enthält die Argumentation, das heißt die sprachlich angemessene Umsetzung deines in der Gliederung dargestellten Gedankenganges.

- Damit die Argumente nicht zusammenhangslos nebeneinanderstehen, musst du den Gedankengang deiner Argumentation auch sprachlich gut darstellen und Argumente und Beispiele logisch verknüpfen, anstatt sie nur aufzuzählen (▷ Formulierungshilfen auf Seite 48).
- Beim **Schreiben des Fazits** ist Folgendes zu beachten: Fazit und These (eigene Position) müssen sich inhaltlich entsprechen. Das Fazit solltest du knapp halten und deinen Standpunkt deutlich formulieren. Dabei beziehst du das Fazit auf bereits genannte Aspekte und nennst keine neuen.

7 *Der folgende Argumentationsschritt ist sprachlich nicht gut formuliert. Formuliere den Textbaustein so um, dass eine überzeugende Argumentationskette entsteht und der Zusammenhang zwischen den Gedankengängen deutlich wird. Leite am Ende zum zweiten Argument über. Nutze hierzu auch die Formulierungshilfen auf Seite 48.*

> Ich finde, dass das Wahlalter von 18 auf 16 Jahre herabgesetzt werden sollte. Es gibt hierfür viele gute Argumente.
> Die Jugendlichen würden schon früh ein Interesse für Politik entwickeln. Immer wieder hört man, dass unter den jungen Menschen eine große Politikverdrossenheit herrscht. Aber: Sie können keinen Einfluss auf die Politik nehmen. Sie haben das Gefühl, ihre Meinung sei sowieso nicht gefragt. Senkt man das Wahlalter, signalisiert man den Jugendlichen, dass sie in einer demokratischen Gesellschaft Verantwortung tragen und übernehmen müssen. Ihre Meinung und Position werden aufgewertet. Sie erhalten womöglich dadurch den Anreiz, sich verstärkt politisch zu engagieren. Wer weiß, dass er politisch etwas bewirken kann, hat auch mehr Interesse an Politik. Das zeigt sich auch in der Schule. Wer mitbestimmen kann, welches Ziel eine Klassenfahrt haben soll, wird sich mit diesem Thema auch beschäftigen. Der Entschluss, das Wahlalter zu reduzieren, trägt zur Stärkung des politischen Bewusstseins bei.
> Ein weiteres Argument für die Herabsetzung des Wahlalters ist, dass auch die Interessen von Jugendlichen in der Politik vertreten sein müssen …

8 *Formuliere die folgenden Bausteine zu einer Argumentationskette aus, sodass die Zusammenhänge deutlich werden. Formulierungshilfen für die Ausgestaltung der Argumentation findest du auf Seite 48. Schreibe in dein Heft.*

Behauptung	Begründung	Beispiel	Rückbezug zum Thema
Interessen von Jugendlichen müssen in der Politik vertreten werden.	▪ hoher Anteil an Gesamtbevölkerung ▪ Bundestagswahlen sind nur alle vier Jahre ▪ Ein junger Erwachsener wählt unter Umständen erst mit 22 Jahren zum ersten Mal. ▪ Zu diesem Zeitpunkt betreffen ihn bereits zahlreiche Entscheidungen, die er mit seiner Stimme beeinflussen hätte können.	▪ die Einführung von Studiengebühren ▪ die Bestimmungen zu den Auslandseinsätzen der Bundeswehr ▪ Familienförderung ▪ Ausbildungsmarkt	▪ Das zeigt … ▪ Es wird deutlich …

Fit für die Schulaufgabe: Eine antithetische Erörterung schreiben

Folgender Arbeitsauftrag wurde in einer Schulaufgabe gestellt:
In Bayern soll das Angebot an Ganztagsschulen ausgebaut werden. Erörtere, was für und was gegen die Einführung von Ganztagsschulen spricht.

1 *Untersuche die obige Themenstellung genau. Markiere das Thema der Erörterung und die Schlüsselbegriffe, die auf eine antithetische Erörterung hinweisen, in unterschiedlichen Farben.*

2 *Bereite eine Stoffsammlung zum Thema „Ganztagsschule" vor. Lies dazu die folgenden Texte (▷ S. 46–47) und markiere dabei alle wichtigen Informationen zum Thema.*

Was ist eine Ganztagsschule?

Unter dem Begriff „Ganztagsschulen" werden in Bayern Schulen verstanden, bei denen über den Unterricht am Vormittag hinaus an mindestens vier Tagen in der Woche ein ganztägiges Angebot für Schülerinnen und Schüler bereitgestellt wird, das täglich mindestens sieben volle Stunden umfasst.

Was spricht für eine Ganztagsschule?

Keine Hausaufgaben mehr, die du zu Hause alleine oder mit Hilfe deiner Eltern machen musst. Entweder die Hausaufgaben entfallen ganz oder ihr könnt sie in der Schule gemeinsam machen und bei Problemen gleich eine Lehrerin oder einen Lehrer fragen. Das bedeutet keinen Streit mehr mit deinen Eltern wegen nicht gemachter Hausaufgaben!

Außerdem kannst du den ganzen Tag mit deinen Freunden zusammen sein und musst dich nicht für den Nachmittag erst mühsam verabreden.

Wenn deine Eltern mittags arbeiten müssen, sind sie froh (du bestimmt auch), wenn du in der Schule etwas Warmes zum Mittagessen bekommst. Zudem sind Kinder berufstätiger Eltern mittags nicht mehr alleine, sondern haben am Nachmittag „Freizeit- und Bildungsangebote" in der Schule. Dies bedeutet, dass am Nachmittag nicht nur zusätzlicher Unterricht stattfinden muss, sondern auch mehr Zeit für gemeinsame Projekte, AGs und vieles mehr ist. Die Lehrerinnen und Lehrer lernen dich so von einer anderen Seite kennen (du sie auch) und können dich besser in deiner persönlichen Entwicklung unterstützen. Sie haben mehr Zeit, dir etwas zu erklären oder dich bei Problemen zu unterstützen.

Und hier noch ein letztes Argument für eine Ganztagsschule: Sie ist gerechter! Bei einer Ganztagsschule ist es nicht wichtig, ob deine Eltern reich sind und dir einen Nachhilfelehrer, die Musikschule und den Sportverein zahlen können. Viele dieser Angebote finden dann in der Schule für alle – reich oder arm – statt.

Was spricht gegen eine Ganztagsschule?

Wer möchte schon den ganzen Tag in der Schule sein? Sicher möchtest du lieber heim zu deiner Mutter oder deinem Vater zum gemeinsamen Mittagessen. Außerdem können deine Eltern dir vielleicht manchmal bei den Hausaufgaben oder bei der Vorbereitung auf Klassenarbeiten helfen. Oder du genießt es einfach, nachmittags tun und lassen zu können, was du willst.

Vielleicht hast du dir bisher am Nachmittag dein Taschengeld aufgebessert, z. B. durch das Austragen von Zeitungen. Solche Nebenjobs sind bei einem ganztägigen Schulbetrieb nicht mehr oder nur noch abends möglich.

Viele Eltern haben Angst, dass sie keine Zeit mehr mit ihren Kindern haben und sie dann auch nicht mehr erziehen können, wenn sie den ganzen Tag in der Schule sind. Außerdem befürchten die Eltern, dass ihre Kinder in Ganztagsschulen keine Zeit mehr für andere Freizeitaktivitäten haben, wie z. B. Spielen mit Freunden, Sport machen, Musizieren.

Ein weiterer großer Nachteil: Die Ganztagsschulen kosten mehr Geld. Die Schulen brauchen z. B. eine Küche und Speiseräume zum gemeinsamen Essen, Betreuungsräume und mehr Betreuungskräfte.

Ich würde nicht so gern auf eine Ganztagsschule gehen, weil ich in einem Basketball-Verein bin und mich auch gern mit meinen anderen Freunden treffe. Außerdem ist es für mich besser, meine Hausaufgaben zu Hause zu machen, weil ich dort mehr Ruhe habe. Die andere Frage ist auch: Was ist mit denjenigen, die sich nicht so gut mit ihren Klassenkameraden verstehen und den ganzen Tag an der Schule sein müssen? *Konstantin, 15 Jahre*

Ich kann nur empfehlen, eine Ganztagsschule zu besuchen. Dort hat man Gelegenheit, lange mit Freunden zu spielen. Außerdem kann man alle Hausaufgaben in der Schule erledigen, damit man zu Hause viel Zeit hat, um sich zu entspannen. Natürlich gibt es die Möglichkeit, in der Schule auch Freizeitangebote zu nutzen. Dazu gehören z. B. Sportaktivitäten, eine Theatergruppe, ein Bastelkeller und so weiter. Dafür gibt es an unserer Schule Freizeitpädagogen, die uns betreuen. Mich stört dabei nicht, dass ich später zu Hause bin. *Helena, 14 Jahre*

3 *Bei einer antithetischen Erörterung stellst du Gründe, die für (pro) eine These sprechen, und Gründe, die gegen (kontra) diese These sprechen, einander gegenüber. Lege eine Stoffsammlung an, indem du in Stichworten festhältst, was für und was gegen die Einführung von Ganztagsschulen in Bayern spricht.*

Thema: Sollen in Bayern Ganztagsschulen eingeführt werden?

Pro Gründe für die Einführung von Ganztagsschulen	**Kontra** Gründe gegen die Einführung von Ganztagsschulen
– Hausaufgaben müssen nicht mehr zu Hause erledigt werden. – ...	– Man ist den ganzen Tag in der Schule. – ...

4 *Ordne nun deine Stoffsammlung nach inhaltlich zusammengehörenden Gesichtspunkten.*
- ☐ *Streiche alle Aspekte und Begriffe, die nicht exakt zum Thema passen.*
- ☐ *Markiere zusammengehörige Punkte auf die gleiche Weise und fasse sie unter einem passenden Oberbegriff zusammen.*
- ☐ *Fasse die Aspekte, die sich inhaltlich überschneiden, zusammen.*
- ☐ *Ergänze gegebenenfalls fehlende Beispiele/Argumente.*

(▷ Hinweise zur Stoffordnung findest du auf Seite 41.)

	Pro Gründe für die Einführung von Ganztagsschulen	**Kontra** Gründe gegen die Einführung von Ganztagsschulen
Oberbegriff	**Hausaufgaben**	**– Familie und Freunde**
Unterpunkte	– Hilfe bei den Hausaufgaben – ...	– Weniger Zeit für Familie und Freunde – ...
Oberbegriff	**Freizeit und Freunde**	– ...
Unterpunkte	– Freizeitangebote an der Schule – ...	– ...
Oberbegriff	**Mehr Gerechtigkeit und Chancengleichheit**	– ...
Unterpunkte	– ...	– ...

5 *Erstelle eine Gliederung zum Thema „Sollen in Bayern Ganztagsschulen eingeführt werden?". Verwende hierzu deine Stoffordnung aus Aufgabe 4 (▷ S. 47).*
Beginne mit der Darstellung der Gegenposition (vom stärksten zum schwächsten Argument), dann führst du die Argumente für deine Position an (vom schwächsten zum stärksten Argument). (▷ Hinweise zur Gliederung findest du auf Seite 42.)

6 *Arbeite deinen Aufsatz in deinem Heft aus:*
a) Formuliere eine Einleitung für deine Erörterung, bestehend aus Einleitungsgedanke, Überleitung und Themafrage.
b) Formuliere den Hauptteil aus, indem du zuerst die Gegenposition, dann deine eigene Position darstellst.
- ☐ *Achte darauf, die Gedankengänge deiner Argumentation sprachlich gut darzustellen und Argumente und Beispiele logisch zu verknüpfen (▷ Formulierungshilfen siehe unten).*
- ☐ *Formuliere am Ende des Hauptteils dein Fazit, in dem du deinen Standpunkt noch einmal deutlich formulierst (Formulierungshilfen für ein Fazit, S. 44).*

c) Schreibe den Schluss, in dem du deinen Standpunkt zusammenfasst, einen Wunsch oder eine Forderung formulierst oder den Einleitungsgedanken noch einmal aufgreifst.

7 *Überarbeite deine Erörterung mit Hilfe der Checkliste auf Seite 49.*

Formulierungshilfen für die Ausgestaltung der Argumentation

Überleitung von der Einleitung zur Argumentation	– Was spricht also für und was gegen diese Forderung (Meinung)? – Unumstritten ist eine solche Forderung sicherlich nicht und deshalb soll im Folgenden erörtert werden, was für und was gegen … spricht. – Leicht zu beantworten ist diese Frage nicht. Deshalb sollen die Gründe, die für …, und die Gründe, die gegen … sprechen, im Weiteren gegenübergestellt werden.
überleitend, reihend	– Nicht unerwähnt bleiben darf, dass … – Es lässt sich außerdem argumentieren, dass … – Als weiteren Grund für (gegen) … könnte man anführen, dass … – Man sollte auch darauf hinweisen, dass … – Hinzu kommt, dass … – Auch ist zu bedenken, dass … – Im Übrigen gibt es wohl keinen Zweifel daran, dass … – Außerdem darf man nicht aus dem Auge verlieren, dass …
steigernd	– Zum Ersten; Zunächst; Erstens; Eine wichtige Rolle spielt; Zunächst steht außer Frage, dass – Zum Zweiten; Außerdem; Ebenso; Zweitens; Darüber hinaus; Noch wichtiger ist; Weitaus wichtiger aber; Ein weiterer Gesichtspunkt ist; Hinzu kommt noch; Außerdem lässt sich noch anführen; Noch wichtiger aber ist – Zum Dritten; Besonders wichtig ist; Am wichtigsten ist; Vor allem; Schließlich; Besonders schwerwiegend ist
folgernd, begründend	– Aus diesem Grund/Aus diesen Gründen … – Dies zeigt/Dies belegt … – Wie das Beispiel zeigt … – Aus eigener Erfahrung kann ich sagen … – Folglich erscheint es wichtig … – Es wird deutlich …
abschließend	– Zuletzt sei angemerkt … – Schließlich muss verdeutlicht werden … – Abschließend sei erwähnt …
gegenüberstellend	– Aber andererseits sei angemerkt …(ist zu bedenken), dass … – Im Gegensatz dazu muss … – Trotzdem darf nicht vernachlässigt werden … – Dem steht jedoch die Einsicht gegenüber, dass … – Allerdings sollte man nicht vergessen … – Allerdings sollte auch bedacht werden … – Bleibt noch der Einwand, dass …

☑ Checkliste: Eine antithetische Erörterung schreiben

☐ **1. Themastellung klären**
Untersuche das Thema genau und kläre, wonach das Thema fragt. Hinterfrage und definiere Schlüsselbegriffe.

☐ **2. Stoffsammlung anlegen:**
Sammle Ideen, Gedanken, Argumente und Beispiele für die Pro- und die Kontra- Seite (z. B. in einer Tabelle).

☐ **3. Stoffsammlung ordnen:**
Ordne deine Stoffsammlung nach inhaltlichen Gesichtspunkten:
- Streiche alle Punkte, die nicht exakt zur These und zum Thema passen.
- Markiere zusammengehörige Punkte, z. B. mit der gleichen Farbe, und suche für diese Punkte jeweils einen passenden Oberbegriff.
- Ergänze gegebenenfalls fehlende Beispiele und Argumente.

☐ **4. Gliederung erstellen:**
- Entscheide, welchen Standpunkt du vertreten willst, und entwirf eine entsprechende Gliederung für deinen Aufsatz.
- Bringe die Aspekte aus deiner Stoffordnung in eine sinnvolle Reihenfolge: These der Gegenposition (vom stärksten zum schwächsten Argument) – These der eigenen Position (vom schwächsten zum stärksten Argument).
- Entscheide dich für ein Gliederungsmuster (traditionell oder nummerisch) und formuliere die Gliederungspunkte einheitlich (Nominalstil oder Verbalstil).

☐ **5. Erörterung schreiben:**
- **Einleitung:** Führe in das Thema ein, z. B. durch ein aktuelles Ereignis, ein persönliches Erlebnis, einen historischen Rückblick oder die Erklärung eines zentralen Schlüsselbegriffs, und leite dann zur Themafrage über. Achte darauf, keine Argumente aus dem Hauptteil vorwegzunehmen.
- **Hauptteil:** Erörtere das Pro und Kontra.
  - Beginne mit der Darstellung der Gegenposition (Ausführung der Argumente) und leite dann zu deiner eigenen Position über. Führe zwei bis drei gute Argumente für deine Position aus und schließe mit einem Fazit, in dem du deinen Standpunkt zum Thema noch einmal deutlich formulierst (▷ Formulierungshilfen für die Überleitung zur eigenen Position und zum Fazit, S. 44).
  - Achte darauf, die Zusammenhänge deiner Argumentation sprachlich überzeugend darzustellen (▷ Formulierungshilfen, S. 48).
- **Schluss:**
Schreibe den Schluss, in dem du deine persönliche Meinung darstellst, einen Wunsch oder eine Forderung formulierst oder den Einleitungsgedanken noch einmal aufgreifst.

☐ **7. Überarbeitung:**
Überarbeite deine Erörterung und prüfe abschließend noch einmal, ob die anfangs erstellte Gliederung mit deinem Aufsatz übereinstimmt. Passe gegebenenfalls die Gliederung deinem Aufsatz an.

Eine Erörterung im Anschluss an einen Text schreiben

Die Textvorlage analysieren

!

Eine **Erörterung im Anschluss an einen Text** (textgebundene Erörterung) entsteht in Anlehnung an eine Textvorlage (z. B. einen Zeitungstext), in der eine strittige Frage behandelt oder ein Problem angesprochen wird. In der Regel erfolgt die Erörterung im Anschluss an einen Text in zwei Schritten: A) Textanalyse; B) Eigene Stellungnahme.

In diesem Kapitel wiederholst du,

- wie du die Aufgabenstellung erschließt,
- wie du die Textvorlage analysierst und dich kritisch mit den Argumenten des Textes auseinandersetzt,
- wie du eine Gliederung für deinen Aufsatz erstellst,
- wie du deinen Aufsatz aufbaust und sprachlich überzeugend gestaltest.

1 *Jeder Erörterung im Anschluss an einen Text liegt eine konkrete Aufgabenstellung zu Grunde.*
Untersuche die folgende Aufgabenstellung genau. Markiere Begriffe und Formulierungen, die Auskunft darüber geben,

- *unter welchen Gesichtspunkten du den Text untersuchen sollst und*
- *zu welchem Sachverhalt du kritisch Stellung beziehen sollst.*

Fasse die wichtigsten Kernaussagen aus dem Interview „Frühaufsteher erhalten bessere Noten" zusammen und mache die Absicht (Intention) des Textes deutlich. Sollte der Unterricht (bei gleich bleibender Wochenstundenzahl) später beginnen? Beziehe zu dieser Frage unter Einbeziehung des Textes kritisch Stellung.

2 *a) Lies das Interview mit dem Biologen Christoph Randler (▷ S. 50–52) sorgfältig durch und kläre die Bedeutung unbekannter Begriffe (z. B. aus dem Textzusammenhang).*
b) Lies den Text ein zweites Mal und markiere hierbei zentrale Kernaussagen.
Halte deine Beobachtungen stichwortartig in der Randspalte fest.
TIPP: *Im ersten Textabschnitt wurden schon Textstellen markiert und Wichtiges wurde stichwortartig in der Randspalte festgehalten.*

Frühaufsteher erhalten bessere Noten

Wenn die erste Stunde beginnt, sind viele Schüler noch schläfrig bis komatös. Darunter leiden auch die Zensuren, wie eine neue Studie zeigt. Im Interview erklärt der Leipziger Biologe Christoph Randler, warum der Stundenplan eine Mehrheit der Schüler benachteiligt.

Spiegel Online: *Sie haben in einer Studie mit 200 Studenten herausgefunden, dass bekennende Frühaufsteher deutlich bessere Abiturzeugnisse erreichten als Langschläfer. Im Schnitt waren sie eine halbe Note besser. Wie erklären Sie das?*

Christoph Randler: Frühaufsteher sind nicht intelligenter. Sie hatten einfach Glück, in jenen Stunden des Tages herausgefordert zu werden, in denen sie munter waren. Der Stundenplan in der Schule passte zu ihrem natürlichen Biorhythmus. Die Langschläfer hingegen hatten ein Handicap. Unsere innere Uhr können wir auch mit Willen nicht austricksen: Manch einer ist um 7 Uhr morgens topfit, ein anderer sollte besser bis 10 Uhr schlafen. In der Wissenschaft werden seit Längerem so genannte Schlaftypen unterschieden, die Lerchen und die Nachteulen.

Randspalte:

- Frühaufsteher bekommen in der Schule bessere Noten
- komatös = im Tiefschlaf/geistig abwesend sein
- früher Schulbeginn benachteiligt die meisten Schüler (Noten!)
- Studie zeigt, dass Frühaufsteher im Abitur eine halbe Note besser abschneiden

Spiegel Online: *Kurz gesagt: Die Schule diskriminiert Langschläfer?*

Christoph Randler: Der frühe Schulbeginn um 8 Uhr diskriminiert sogar eine Mehrheit der Schüler, insbesondere Jugendliche, die überwiegend Spättypen sind. Bei meiner zweiten Studie mit 3 000 Schülern, die gerade noch ausgewertet wird, kristallisiert sich heraus, dass der Biorhythmus im Alter von 12 oder 13 Jahren richtiggehend umkippt. Vorher sind viele Jugendliche Frühtypen, mit der Hormonumstellung in der Pubertät mutieren sie plötzlich zu Nachteulen. Erst mit Anfang 20 differenzieren sich die Schlaftypen dann wieder aus – einige Eulen kehren zum frühen Aufstehen zurück, andere bleiben für immer bei ihrem Rhythmus aus der Teenagerzeit.

Spiegel Online: *Ist es möglich, in der Schulwoche aufgetürmte Schlafdefizite nachzuholen?*

Christoph Randler: Früher hat man ja immer gesagt, Schlaf ist nicht aufzuholen. Trotzdem schlafen gerade Jugendliche am Wochenende viel und lange. Ihnen fehlen immerhin zwei bis drei Stunden Nachtruhe pro Arbeitstag. Neue Studien zeigen, dass dieser „Weekend-Oversleep" eine ausgleichende und erholende Wirkung hat. Eltern sollten ihre Kinder also nicht unbedingt zum frühen Familienfrühstück am Sonntag zwingen.

Spiegel Online: *Wie haben Sie herausgefunden, wer eine geborene Lerche und wer eine Eule ist – und kann man das auch selbst überprüfen?*

Christoph Randler: Wir haben die Schüler gefragt, wann sie bei freier Zeiteinteilung ins Bett gehen, also zum Beispiel im Urlaub. Der natürliche Schlafrhythmus stellt sich bei jungen Menschen schon nach etwa einer Woche ein. Wir wollten auch wissen, wann sich die Schüler fit fühlten, um welche Uhrzeit sie gern eine Klausur schreiben würden. Pauschal würde ich sagen, wer vor 7.30 Uhr aufsteht und dann gleich munter loslegt, ist eine Lerche. Bei Spättypen ist die Varianz größer, sie fühlen sich mit Weckzeiten zwischen 9 und 12 Uhr mittags wohl. Einen ausführlichen Test gibt es bei der Uni München, die schicken dann auch eine Auswertung.

Spiegel Online: *Aber selbst wenn eine Eule weiß, warum sie immer so müde ist, soll sie dann ihrem Lehrer oder Chef sagen: Sorry, ich kann künftig erst gegen Mittag kommen?*

Christoph Randler: Die Schule sollte wie in anderen Ländern erst um 9 Uhr anfangen. Ich fände es auch richtig, den eigenen Chronotyp bei der Berufswahl zu berücksichtigen. Wer Frühaufsteher ist, sollte nicht als Barmixer oder Schichtarbeiter anfangen, und eine Nachteule natürlich nicht als Bäcker. Die meisten Menschen sind Normaltypen, mit Schlafzeiten von Mitternacht bis 8 Uhr morgens. Sie können ganz gut verkraften, wenn sie um 7 Uhr aufstehen müssen oder etwas später ins Bett gehen, als es ihrem natürlichen Bedürfnis entspricht. Doch wenn extreme Eulen oder Lerchen gegen ihre innere Uhr arbeiten, dann kann es zu Schlafstörungen und psychischen Problemen kommen.

Spiegel Online: *Was sagen die Kultusministerien zu Ihren Ergebnissen?*

Christoph Randler: Während internationale Fachzeitschriften sehr interessiert an meiner Analyse waren, haben sich die Bildungspolitiker bisher leider nicht sehr interessiert gezeigt. Schade, denn ich glaube, mit etwas mehr Schlaf könnten unsere Schüler besser werden.

Das Interview führte Antonia Götsch.

5 *Sollte der Unterricht (bei gleich bleibender Wochenstundenzahl) später beginnen?*
Lege eine Stoffsammlung für deine Erörterung im Anschluss an den Text an. Schreibe in dein Heft.

- ☐ *Beziehe die Argumente und Informationen aus dem Interview (▷ Ergebnisse von Seite 54) ein.*
- ☐ *Entscheide, welchem Argument du zustimmst oder welchem Argument du widersprichst, und erläutere deine Position mit weiteren (eigenen) Argumenten und Beispielen.*

TIPP: *Um weitere Argumente und Beispiele zu finden, kannst du auch die unten stehenden Aussagen und Texte nutzen. Prüfe dazu aber die Überzeugungskraft jeder Äußerung.*

Gründe für einen späteren Schulbeginn	Gründe gegen einen späteren Schulbeginn
– Argument aus dem Interview: Langschläfer werden benachteiligt (halbe Note schlechter) → Stützung des Arguments durch eigene Erfahrung: Bei Tests und Klassenarbeiten in der ersten Stunde ist man unkonzentriert.	– Der Unterricht dauert jeden Schultag bis in den Nachmittag.
– Argument aus dem Interview: Mehrheit der Jugendlichen ist vom Biorhythmus her Langschläfer, dieser Biorhythmus kann nicht verändert werden.	– ...

>> Ich finde einen späteren Schulbeginn doof. Wir hätten dann auch bestimmt täglich nachmittags Unterricht. Und außerdem komme ich mit dem Linienbus. Da geht einer um 13.00 Uhr und der nächste erst wieder abends um sechs!

>> Was ist denn dann mit dem Mittagessen? Wir haben doch noch gar keine Schulkantine und immer Pizza holen ist ja furchtbar! Außerdem freu ich mich jeden Tag auf das Mittagessen mit der Familie!

>> Und was ist mit den Hausaufgaben? Wenn wir immer erst nachmittags heimkommen, dann wird die Zeit dafür ja viel zu knapp, denn wir dürfen bestimmt nicht zwei Stunden länger aufbleiben! Und dass es keine Hausaufgben mehr gibt, kann ich mir auch nicht vorstellen!

>> Also, ich versteh' euch nicht! Späterer Schulbeginn heißt weniger Stunden hintereinander, weil die Mittagspause dazwischenliegt! Und das fände ich prima!

Der Münchener Biologieprofessor Till Roenneberg warnte schon Anfang 2002 vor „schwerwiegenden Folgen" des frühen Schulbeginns. Nicht nur die Leistungen sind seiner Ansicht nach bedroht, sondern auch das Leben des müden, unaufmerksamen Kindes auf dem Schulweg.

Für den Psychologen und Schlafforscher Jürgen Zulley kommt das Mitternachtsgefühl der Schüler am Morgen nicht von ungefähr. Kinder seien, durch ihren Biorhythmus bedingt, morgens um acht ungefähr so leistungsfähig wie nachts um zwölf, sagte der Professor vom Regensburger Schlaflabor.
Wer auch noch das Pech eines langen Schulwegs hat, muss nicht selten schon deutlich vor sechs aus den Federn, um dann pünktlich in der ersten Stunden wieder in einen Dämmerzustand zu verfallen. Das häufig vorgebrachte Gegenargument, dass die Kleinen dann eben früher ins Bett müssen, lässt sich kaum durchsetzen. Denn wo um halb sechs der Wecker klingelt, sollten beispielsweise Elfjährige bei einer empfohlenen Schlafdauer von neun Stunden um halb neun nicht nur im Bett, sondern bereits eingeschlafen sein. Das ist aber nicht sehr realistisch.

6 *Sollte der Unterricht (bei gleich bleibender Wochenstundenzahl) später beginnen?*
Überlege, zu welchem Ergebnis du gekommen bist, und schreibe dein Fazit in Stichworten auf:

___

___

___

Die Gliederung erstellen

!

Die Gliederung gibt dir einen Überblick über Einleitung, Hauptteil und Schluss deines Aufsatzes. Den Hauptteil gliederst du in zwei Blöcke, und zwar:

- **Textanalyse:** je nach Aufgabenstellung Darstellung der zentralen Kernaussagen, Analyse der sprachlichen Mittel des Textes und seiner Intention
- **Eigene Stellungnahme mit Fazit.**

(▷ weitere Hinweise zur Gliederung findest du auf Seite 31)

A. Einleitung
(Informationen über Titel des Textes, Autor/-in, ggf. Textsorte und -quelle; Überleitung zum Thema)
B. Hauptteil
I. Textanalyse
1. Darstellung der zentralen Thesen und der Argumentation des Textes
2. Analyse der sprachlichen Mittel (falls es die Aufgabenstellung erfordert)
3. Erläuterung der Intention des Textes (falls es die Aufgabenstellung erfordert)

II. Eigene Stellungnahme
1. Gründe, die für/gegen ... sprechen
2. Gründe, die für/gegen ... sprechen

III. Fazit
(Formulierung des eigenen Standpunktes)
C. Schluss
(Abrundung des Themas, z. B.: Formulierung einer Empfehlung, eines Wunsches etc.)

7 *Erstelle nun eine Gliederung für deinen Aufsatz, indem du die folgende Gliederung in deinem Heft fortführst. Lies dir hierzu auch noch einmal die Aufgabenstellung auf Seite 50 durch und nimm deine Ergebnisse von den Seiten 53–54 zu Hilfe.*

A. Die Schule beginnt in Deutschland traditionell am frühen Morgen.

B. Sollte die Schule bei gleich bleibender Stundenzahl später anfangen?

I. Textanalyse
1. Der frühe Unterrichtsbeginn führt bei den meisten Schülern zu schlechteren Noten.
   a) Frühaufsteher sind im Vergleich zu den Langschläfern im Schnitt um eine halbe Note besser.
   b) Der Biorhythmus kann nicht verändert werden und passt nicht zum Stundenplan in der Schule, denn die meisten Jugendlichen sind „Spättypen".
   ...
2. Die Schule sollte erst um 9 Uhr beginnen.
   a) ...
   ...
3. Die Intention des Textes ist, über das Problem eines zu frühen Unterrichtsbeginns ...

II. Eigene Stellungnahme zur Frage nach einem späteren Schulbeginn bei gleicher Stundenzahl.
1. Gründe, die gegen einen späteren Schulbeginn sprechen.
   a) ...
   b) ...
2. Gründe, die für einen späteren Schulbeginn sprechen.
   a) ...
   b) ...

III. Fazit:
...

C. ...

Den Aufsatz schreiben

Aufgabenstellung:
Fasse die wichtigsten Kernaussagen aus dem Interview „Frühaufsteher erhalten bessere Noten" zusammen und mache die Absicht (Intention) des Textes deutlich. Sollte der Unterricht (bei gleich bleibender Wochenstundenzahl) später beginnen? Beziehe zu dieser Frage unter Einbeziehung des Textes kritisch Stellung.

Schreibe nun den gesamten Aufsatz in dein Heft. Gehe so vor:

8 *Formuliere eine Einleitung. Achte darauf, dass du alle notwendigen Informationen berücksichtigst (Titel des Textes, Name der Autorin/des Autors und ggf. die Textsorte und -quelle). Leite dann zum Thema über, indem du einen Bezug zum Problem herstellst. Die folgenden Formulierungshilfen helfen dir dabei.*

In dem vorliegenden Interview „Frühaufsteher haben bessere Noten", das Antonia Götsch von Spiegel Online mit dem Biologen Christoph Randler geführt hat, wird die These aufgestellt, dass ...
Obwohl wir heute nicht mehr um fünf Uhr aufstehen müssen, um rechtzeitig in der Schule zu sein, sind viele von uns dennoch morgens in der Schule lustlos und müde. Sollte der Unterricht nicht später beginnen?

In dem Interview mit dem Titel ... stellt der Biologe Christoph Randler die These auf, dass ...
Mittlerweile wird in vielen Bundesländern darüber diskutiert, ob der Unterricht eine Stunde später beginnen soll. Was spricht für und was gegen ...
Im Folgenden werde ich zuerst die Kernthesen und die Intention des Interviws darstellen und dann auf die Frage eingehen, ob ...

9 *Formuliere nun den ersten Block des Hauptteils, die Textanalyse, in deinem Heft aus. Stelle die Kernthese und die Argumente des Textes knapp und in eigenen Worten dar. Gehe dann auf die Intention des Textes ein. Die Formulierungsbausteine im Tippkasten helfen dir dabei.*
TIPP: *Denke daran, deine Ergebnisse anhand des Textes zu belegen. Der Merkkasten auf Seite 9 hilft dir, richtig zu zitieren.*

In dem vorliegenden Interview vertritt der Biologe Christoph Randler die These, dass der frühe Unterrichtsbeginn bei den meisten Schülern zu schlechteren Noten führt. Diese These stützt der Biologe mit einigen Argumenten und Beispielen, die ich kurz zusammenfassen will ...

TIPP

Formulierungshilfen für die Textanalyse
Gib im ersten Teil (der Textanalyse) den Inhalt des Textes wieder. Löse dich hierbei von der Textvorlage und formuliere in eigenen Worten. Die folgenden Bausteine helfen dir dabei:
- ☐ Im Text wird die Thematik ... behandelt.
- ☐ Die zentrale These des Textes ist, dass ...
- ☐ Der Autor setzt sich mit der Frage auseinander, ob/wann/wie ...
- ☐ Er vertritt die Ansicht, dass ...
- ☐ Er begründet dies mit ...
- ☐ Mit Argumenten und Beispielen ... untermauert er seine These.
- ☐ Der Autor stellt zunächst ... vor.
- ☐ Im Anschluss daran zählt er eine Reihe von ... auf.
- ☐ Der Autor bemängelt/kritisiert/zeigt auf, dass ...
- ☐ Im weiteren Fortgang des Textes wird ausgeführt, dass ...
- ☐ Dabei gibt er zu bedenken, dass ...
- ☐ Schließlich weist der Autor darauf hin, dass ...
- ☐ Der Autor warnt vor ...

10 *Schreibe nun den zweiten Block des Hauptteils (eigene Stellungnahme und Fazit).*
Beginne mit deiner Stellungnahme, indem du auf die Argumente des Textes eingehst und diese durch eigene Argumente und Beispiele bekräftigst oder mit Gegenargumenten einschränkst oder widerlegst.
Mache deutlich, was Gedanken aus dem Text sind und was deine eigene Meinung dazu ist.
TIPP: *Berücksichtige auch die Hinweise im unten stehenden Tippkasten.*

Chrsitoph Randler vertritt die These, dass so genannte „Langschläfer" in der Schule benachteiligt werden und sich dies auch auf die Notengebung auswirkt. Belegt wird diese These mit den Ergebnissen einer Studie, die zeigt, dass Frühaufsteher durchschnittlich eine halbe Note besser abschneiden als Langschäfer, denn der Biorhythmus der Frühaufsteher passt optimal zu dem frühen Schulbeginn.	*kanppe Zusammenfassung der These und Argumente aus dem Interview*
Obwohl diese Studie nur an 200 Studenten durchgeführt wurde und deshalb vielleicht auf den ersten Blick nicht repräsentativ erscheint, haben sich auch andere Forscher mit diesem Problem beschäftigt und kommen zu ähnlichen Ergebnissen ... Aus eigener Erfahrung kann ich bestätigen, dass bei Tests und Klassenarbeiten, die in der ersten Stunden geschrieben werden, ...	*mögliches Gegenargument wird genannt und durch weitere Argumente und Beispiele für diese These entkräftet*
Randlers Argumentation ist schlüssig und wird durch seine eigenen Studien wie auch durch die Ergebnisse anderer Forscher bestätigt, sodass ich der These, dass ..., nur zustimmen kann. Ein weiterer Punkt, der in diesem Interview zur Sprache kommt, ist ...	*Schlussfolgerung*

TIPP

Formulierungshilfen für die eigene Stellungnahme

Eigene Stellungnahme

Bei der eigenen Stellungnahme geht es darum, dich kritisch mit den Argumenten aus dem Text auseinanderzusetzen und deine Meinung begründet darzulegen. Mache deutlich, was Gedanken aus dem Text sind und was deine eigene Meinung dazu ist.
Es gibt verschiedene Möglichkeiten auf die Argumente eines Textes einzugehen:

1. Du kannst einem Argument völlig zustimmen:
- Wie die Autorin/der Autor im Text belegt/ausführt .... Auch ich vertrete den Standpunkt ...
- Die Autorin/derAutor vertritt im Text folgende These: ... Dieser Auffassung kann ich nur zustimmen.
- Den Standpunkt der Autorin/des Autors teile ich/halte ich für richtig.
- Ich kann bestätigen, dass ....

2. Du kannst einem Argument teilweise zustimmen:
- Der Auffassung der Autorin/des Autors, wonach ..., kann ich nur mit Einschränkung zustimmen.
- Zwar ist der Autorin/dem Autor im letzten Punkt zuzustimmen und doch übersieht sie/er dabei ...
- An dieser Stelle möchte ich zu bedenken geben ...

3. Du kannst einem Argument vollkommen widersprechen:
- Im Gegensatz zur Autorin/zum Autor bin ich der Meinung ...
- Die Ansicht, dass ... ist meiner Meinung nach nicht haltbar.
- Nicht für überzeugend halte ich das Argument der Autorin/des Autors, dass ...
- Folgende Argumente der Autorin/des Autors kann ich nicht nachvollziehen: ...
- Ich möchte ... zurückweisen, indem ich zu bedenken gebe, dass ...

11 *a) Das folgende Fazit weist sowohl sprachliche als auch inhaltlich-argumentative Fehler auf. Diese Fehler wurden schon gekennzeichnet. Überarbeite das folgende Fazit in deinem Heft. Formulierungshilfen findest du im unten stehenden Tippkasten.*
b) Schreibe dann ein Fazit, das zu den Ausführungen deines Hauptteils passt.

Wenn ich aus den Argumenten für und wider einen früheren Schulbeginn einen Schluss ziehen soll, so ist für mich ~~sonnenklar~~, dass die Schule ~~auf jeden Fall~~ später beginnen soll.	Umgangssprache
Das Argument, dass der Biorhythmus willentlich nicht umzustellen ist und ein Langschläfer auch bei größten Bemühungen morgens ~~nicht gut drauf~~ ist, gibt für mich den Ausschlag gegenüber allen Gründen, die für einen frühen Schulbeginn angeführt werden können.	Umgangssprache
Nur wenn die Schule später beginnt, herrscht eine echte Chancengleichheit für alle Schüler. Dann würden auch die Noten besser werden.	zu einseitig und überzogen formuliert
Also mein Appell an die Kultusministerien: Hören Sie endlich einmal auf uns Schüler! Die Schule darf frühestens um 9.30 Uhr starten!	Appell sinnvoller im Schlussteil, unsachlicher Ton

12 *Formuliere einen Schluss, indem du eine Empfehlung aussprichst, einen weiterführenden Gedanken zum Thema ansprichst oder wieder an deine Einleitung anknüpfst.*

13 *Überarbeite deine textgebundene Erörterung mit Hilfe der Checkliste von Seite 61.*

TIPP

Das Fazit schreiben

Fasse das Ergebnis, das du nach der kritischen Auseinandersetzung mit der Textvorlage (Stellungnahme) gewonnen hast, zusammen. Halte das Fazit knapp und formuliere deinen Standpunkt deutlich. Beziehe dich hierbei auf bereits genannte Aspekte und nenne keine neuen.

Beim Fazit hast du zwei Möglichkeiten:

1. Eindeutige Aussprache für die Pro- oder die Kontra-Seite.
2. Formulierung einer Einschränkung, d. h.: Du entscheidest dich nur unter bestimmten Voraussetzungen für die Pro- oder Kontra-Seite.

Formulierungsbausteine für dein Fazit:

- ☐ Führt man sich abschließend vor Augen, dass ...
- ☐ Betrachtet man ..., dann scheint doch das wichtigste Argument zu sein, dass ...
- ☐ Es muss sicher zugegeben werden, dass ..., aber gerade die Tatsache, dass ..., beweist ...
- ☐ Es ist deutlich geworden, dass die positiven/negativen Gesichtspunkte die negativen/positiven überwiegen.
- ☐ Wenn ich aus dem Für und Wider einen Schluss ziehen soll, so muss ich feststellen, dass ...
- ☐ Nach dem Abwägen aller Argumente für oder gegen ... bin ich der Meinung, dass ...
- ☐ Abschließend komme ich zu dem Ergebnis, dass ...

Fit für die Schulaufgabe: Eine Erörterung im Anschluss an einen Text schreiben

Folgender Arbeitsauftrag wurde in einer Schulaufgabe gestellt:
Fasse die wichtigsten Kernaussagen aus dem Kommentar „Und die Räder stehen still" zusammen und benenne hierbei auch sprachliche Besonderheiten, mit deren Hilfe der Autor seine Position zum Ausdruck bringt. Erörtere dann unter Einbeziehung des Textes, was man gegen Doping im Sport unternehmen könnte.

1 *Untersuche die Aufgabenstellung genau. Markiere Begriffe und Formulierungen, die Auskunft darüber geben, unter welchen Gesichtspunkten du den Text untersuchen sollst und zu welchem Sachverhalt du kritisch Stellung beziehen sollst.*

2 *Setze dich gründlich mit dem Kommentar „Und die Räder stehen still" auseinander: Lies dir den Text mehrmals durch, markiere Wichtiges und mache dir Notizen zum Inhalt, zur Argumentationsstruktur und zu den sprachlichen Auffälligkeiten.*
(▷ Hinweise zur Analyse der Textvorlage findest du auf Seite 52.)

Sprachliche Mittel	Beispiele
Wortwahl/Wortschatz	Fremdwörter, Fachbegriffe, Umgangssprache, Anglizismen, Jugendsprache, schildernde Elemente
rhetorische Stilmittel	Metaphern, rhetorische Fragen, Übertreibung, Ironie, Wortspiele, Vergleiche usw.
Satzebene	Eher komplizierte Satzgefüge oder Reihung einfacher Hauptsätze?
Stilebene/Schreibweise	sachliche, emotionale, ironische, polemische, erzählende, schildernde, argumentierende, wertende Textpassagen

Und die Räder stehen still

Von Raik Hannemann, Sportredakteur
14. 10. 2008

Von wegen Neuanfang! Doping ohne Ende bei der Tour de France. Auch zwei Fahrer vom Team Gerolsteiner wurden jetzt bei Nachtests des Dopings überführt, das Team wird aufgelöst.
Einen Neuanfang hatten sie propagiert im Radsport. Doch nun wurden mit Hilfe von Nachtests wieder sieben Teilnehmer der diesjährigen Tour de France des Dopings überführt. „Ich kapituliere vor dieser kriminellen Energie. Der Radsport in Deutschland hat keine Chance", stellte der mit zwei Fahrern involvierte Mannschaftsleiter Hans-Michael Holczer fest, dessen Team *Gerolsteiner* nun aufgelöst wird.
Die Fähigkeit zur Selbstreinigung konnte die Branche auch international bis heute nicht nachweisen, zudem nährt der euphorische Umgang mit Lance Armstrongs Rückkehr Zweifel. Beim Abtritt 2005 war nämlich bekannt geworden, dass in nachträglich mit neuen Methoden getesteten Proben aus dem Jahr 1999 das Blutdopingmittel Epo bei ihm gefunden wurde. Da fragt man sich schon, wie die Abkehr vom alten System des Radsports gelingen soll ohne ein Eingeständnis früherer Fehler und deren Aufarbeitung, aber mit demselben Personal.
Den wirksamsten Hebel besitzt letztlich das Fernsehen – dies sollte den Entscheidern von ARD und ZDF bewusst sein, wenn sie in diesen Tagen über ihr weiteres Vorgehen beraten. Stundenlange Liveberichte aus der Betrügerbranche sollten nicht länger mit Gebührengeldern finanziert werden in einem Land, dessen Politik sich umfänglich im Antidopingkampf engagiert. Dass ZDF-Chefredakteur Nikolaus Brender bei einem Mitwirken Armstrongs bereits den Totalausstieg ankündigte, ist zu begrüßen. Denn letztlich wird sich nur etwas bewegen, wenn das angegriffen wird, um das sich alles dreht im Profiradsport: Geld. Ohne Fernsehen ist nichts zu verdienen.
Dass Jacques Rogge dem Ruf nach einer olympischen Denkpause für den Radsport eine Absage erteilt, überrascht dagegen nicht. Der Präsident des Internationalen Olympischen Komitees muss taktieren. Denn wer sagt, dass er nicht in einer ähnlichen Situation steckt, wenn in einem Monat die Ergebnisse der Nachtests von den Spielen in Peking bekannt werden?

3 *Lege dir eine Stoffsammlung an. Schreibe in dein Heft.*

a) ***Textanalyse:*** *Halte die Ergebnisse deiner Textanalyse fest (Gedankengang und Hauptargumente des Textes gegen Doping in eignen Worten notieren, Stichworte zu den sprachlichen Auffälligkeiten des Textes festhalten).*

b) ***Kritische Stellungnahme:*** *Halte Ideen für deine kritische Stellungnahme fest:*

- *Notiere Argumente und Äußerungen aus der Textvorlage, zu denen du Stellung nehmen willst.*
- *Entscheide, welchem Argument du zustimmst oder welchem Argument du widersprichst, und erläutere deine Position mit weiteren (eigenen) Argumenten und Beispielen.*
  ▷ Auf den Seiten 27–28 findest du weiterführendes Material zum Thema „Doping im Sport", das du für deine Stoffsammlung verwenden kannst.

4 *Erstelle eine Gliederung, bestehend aus Einleitung, Hauptteil (1. Textanalyse; 2. Kritische Stellungnahme; 3. Fazit) und Schluss. Du kannst das folgende Gliederungsraster fortführen. (▷ Hinweise zur Gliederung findest du auf Seite 55.)*

A. Thema „Doping" ist hochaktuell (Dopingvorwürfe bei der Olympiade 2008 in China)

B. Wie kann Doping im Sport bekämpft werden?

I. Textanalyse
1. Die Aktualität des Thema wird aufgezeigt
a) Dopingskandal bei der Tour de France 2008
b) Krise im Profiradsport, vor allem in Deutschland
2. Möglichkeiten der Dopingbekämpfung
a) ...
...
3. Sprachliche Besonderheiten des Textes
a) Abwertender Ausruf am Textbeginn
b) Abwertende Wortwahl für die Sportbranche
c) Rhetorische Frage am Textende

II. Eigene Stellungnahme zum Problem: Was kann gegen Doping im Sport unternommen werden?
1. Möglichkeiten der Medien
a) Verzicht auf Berichterstattung
b) Verstärkte Aufklärung über Doping in den Medien
2. Härtere Strafen für Dopingsünder
a) ...
b) ...

III. Fazit: ...

C. ...

5 *Formuliere deinen Aufsatz aus.*

a) Nenne in der Einleitung den Titel des Textes, den Autor und die Textsorte. Leite dann zum Thema über, indem du einen Bezug zum Problem herstellst (▷ Hinweise zur Einleitung, Seite 56, Aufgabe 7).

b) Schreibe nun den Hauptteil des Aufsatzes.

- ***Textanalyse:*** *Fasse den Inhalt und den Gedankengang des Textes knapp zusammen und stelle dar, mit welchen sprachlichen Mitteln der Autor seine Position zum Ausdruck bringt (▷ Hinweise zum Schreiben der Textanalyse, Seite 56).*
- ***Kritische Stellungnahme:*** *Entfalte den zweiten Teil des Hauptteils. Nimm zu den Argumenten aus dem Text kritisch Stellung und finde eigene Argumente (und Beispiele) für oder gegen die Argumente im Text (▷ Hinweise zur Stellungnahme, S. 57).*
- ***Fazit:*** *Fasse das Ergebnis, das du nach der kritischen Auseinandersetzung mit der Textvorlage gewonnen hast, zusammen (▷ Hinweise zum Fazit, S. 58).*

c) Formuliere den Schluss und runde das Thema ab, indem du eine Empfehlung aussprichst, einen weiterführenden Gedanken zum Thema ansprichst oder wieder an deine Einleitung anknüpfst.

6 *Überarbeite deinen Aufsatz mit Hilfe der Checkliste auf Seite 61.*

☑ Checkliste: Eine Erörterung im Anschluss an einen Text schreiben

☐ **1. Themastellung klären:**
Untersuche die Aufgabenstellung genau.
Markiere Begriffe und Formulierungen, die Auskunft darüber geben,
- unter welchen Gesichtspunkten du den Text untersuchen sollst und
- zu welchem Sachverhalt du kritisch Stellung beziehen sollst.

☐ **2. Text analysieren:**
Setze dich gründlich mit dem vorliegenden Text auseinander: Lies dir den Text mehrmals durch und mache dir Notizen zum Inhalt, zur Argumentationsstruktur des Textes sowie – wenn es die Aufgabe verlangt – zu den sprachlichen Auffälligkeiten, zur Intention des Textes usw. (▷ Hinweise zur Analyse der Textvorlage findest du auf Seite 52.)

☐ **3. Stoffsammlung anlegen:**
Halte die Ergebnisse deiner Textanalyse fest und sammle Ideen für deine kritische Stellungnahme:
- Textanalyse: Mache dir Notizen zum Inhalt und zur Argumentationsstruktur des Textes sowie – wenn es die Aufgabe verlangt – zu den sprachlichen Auffälligkeiten und der Intention des Textes.
- Kritische Stellungnahme: Notiere Argumente und Äußerungen aus der Textvorlage, zu denen du kritisch Stellung nehmen willst. Entscheide, welchem Argument du zustimmst oder welchem Argument du widersprichst, und erläutere deine Position mit weiterführenden Argumenten und Beispielen. Oft ist es sinnvoll, die Stoffsammlung in einer Pro-und- Kontra-Tabelle anzulegen.
  TIPP: Lies noch einmal in der Aufgabenstellung genau nach, zu welchem Thema du kritisch Stellung beziehen sollst.

☐ **4. Gliederung erstellen:**
- Erstelle eine Gliederung, bestehend aus Einleitung, Hauptteil (1. Textanalyse; 2. Kritische Stellungnahme; 3. Fazit) und Schluss.
- Formuliere die Gliederungspunkte einheitlich: im Nominalstil (Stichpunkte mit Nomen und/oder Nominalisierungen) oder im Verbalstil (ganze Sätze). Entscheide dich für die traditionelle oder die nummerische Gliederung (▷ Hinweise zur Gliederung auf Seite 55).

☐ **5. Den Aufsatz schreiben:**

Einleitung:
Nenne in der Einleitung den Titel des Textes, den Autor und ggf. die Textsorte und -quelle. Leite dann zum Thema über, indem du einen Bezug zum Problem herstellst.

Hauptteil:
- Textanalyse:
  Fasse den Inhalt des Textes knapp zusammen und stelle die Ergebnisse deiner Textanalyse dar (je nach Aufgabenstellung: Darstellung der zentralen Thesen und Argumente, der sprachlich-stilistischen Mittel und der Intention des Textes).
  (▷ Hinweise zum Schreiben der Textanalyse findest du auf Seite 56.)
- Kritische Stellungnahme:
  Entfalte den zweiten Teil des Hauptteils. Nimm zu den Argumenten aus dem Text kritisch Stellung und finde eigene Argumente (und Beispiele) für oder gegen die Argumente im Text. (▷ Hinweise zum Schreiben der Stellungnahme, S. 57).
- Fazit:
  Fasse das Ergebnis, das du nach der kritischen Auseinandersetzung mit der Textvorlage gewonnen hast, zusammen (▷ Hinweise zum Schreiben des Fazits, S. 58).

Schluss:
Runde das Thema ab, indem du eine Empfehlung aussprichst, einen weiterführenden Gedanken zum Thema ansprichst oder wieder an deine Einleitung anknüpfst.

☐ **6. Überarbeitung:**
Überarbeite deine Erörterung und prüfe abschließend noch einmal, ob die anfangs erstellte Gliederung mit deinem Aufsatz übereinstimmt. Passe gegebenenfalls die Gliederung deinem Aufsatz an.

Freiere Formen des Erörterns: Einen Kommentar verfassen

Den Aufbau und die sprachliche Gestaltung eines Kommentars kennen lernen

Neben den schulischen Aufsatzformen des Erörterns, die einem festen Muster folgen (▷ S. 26–61), gibt es auch andere Textformen, in denen argumentiert wird.
So kann man auch **in einem Kommentar, in einer Glosse oder in einer Rede seinen Standpunkt zu einem Thema oder zu einem Text äußern und begründet darlegen.** Du findest solche **freieren Formen des Erörterns** z. B. in Zeitungen und Zeitschriften, in denen Journalisten zu aktuellen Themen und Problemen Stellung beziehen oder diese kommentieren.
Auch die freien Formen des Erörterns verlangen die Fähigkeit, Thesen zu formulieren und eine überzeugende Argumentation aufzubauen.
In diesem Kapitel kannst du dich am Beispiel eines Kommentars in einer freieren Form des Argumentierens üben.
Du wiederholst:

- ☐ wie ein Kommentar aufgebaut und sprachlich gestaltet ist,
- ☐ wie du eine Stoffsammlung für deinen Kommentar erstellst,
- ☐ wie du eine Gliederung für deinen Aufsatz anlegst und
- ☐ wie du begründet, anschaulich und gewitzt deine Meinung in einem Kommentar darlegst.

1 *Bevor du selbst einen Kommentar schreibst, solltest du dich erst einmal mit dieser journalistischen Textsorte vertraut machen.*
a) Lies den Kommentar „Aller Anstand ist schwer“ (▷ S. 62–63) ein erstes Mal durch und kläre dann Begriffe, die du nicht verstehst, z. B. aus dem Textzusammenhang.
b) Lies den Text erneut und markiere die wichtigsten Informationen. Notiere in der Randspalte Stichpunkte zum Inhalt eines jeden Sinnabschnitts. Diese Stichpunkte geben dir einen Überblick über den Inhalt des Textes.

Benimmkurse für Schüler

Aller Anstand ist schwer

von: Jörg Hackhausen

Hände aus den Taschen! Mütze ab! Haltung annehmen! Die Rabauken unter Deutschlands Schülern sollen wieder Disziplin und Ordnung lernen: Schulen im Saarland erteilen ab dem kommenden Schuljahr, bundesweit beispiellos, Benimm-Nachhilfe. Bildungsminister Jürgen Schreier kündigte „das Ende der Unhöflichkeit“ an.

So geht es nicht weiter, muss sich der saarländische Bildungsminister Jürgen Schreier gedacht haben, an Deutschlands Schulen herrscht keine Disziplin. Der CDU-Politiker fordert, dass Schüler endlich wieder Benehmen lernen sollen. Die neuen Benimm-Regeln sollen ständig und „situativ“ in den regulären Unterricht einfließen. Um welche Inhalte es dabei konkret geht, weiß noch keiner so genau. Eine Arbeitsgruppe wird im kommenden Schuljahr ausarbeiten, wie den Schülern wieder Disziplin, Ordnung und Anstand beigebracht werden kann. Den Lümmeln von der letzten Bank wird das Lachen vergehen.

Spätfolgen der bösen Achtundsechziger?

„Die Zeit, die der Lehrer darauf verwenden muss, dass überhaupt so etwas wie Unterricht stattfinden kann, wird immer größer“, zürnt Schreier. Die Schulgemeinschaft habe unter den „Spätfolgen eines Zeitgeistes zu leiden, der Autorität und Respekt unter

Randspalte:

ironisches Wortspiel in Anlehnung an die Redewendung „Aller Anfang ist schwer“ → zeigt, dass sich der Autor dem Thema mit Ironie und Distanz nähert

____

____

____

____

____

____

____

____

____

____

____

Generalverdacht gestellt hat und Tugenden wie Höflichkeit, Ordnung, Pünktlichkeit, Pflichtbewusstsein und Fleiß negativ besetzt hat". Zurück zum „Muff und Mief der fünfziger Jahre" wolle er dennoch nicht, betont der Minister: „Es geht nicht um Manieren mit Diener und Knicks." Viel wichtiger sei ihm die Vermittlung von „Sozialkompetenz". Noten soll es für den Benimmunterricht aber nicht geben.

Ein neues Grundverständnis für den Nächsten verspricht sich Jürgen Schreier von seiner Initiative. Die Schüler müssten lernen, so erklärt das Ministerium, „warum Anstand, gegenseitige Rücksichtnahme und die Achtung des anderen wichtig für das Zusammenleben sind." Nicht nur für die Schule, sondern für das Leben soll die neue Anständigkeit taugen: Schließlich werde von den Jugendlichen im späteren Berufsleben neben guten Fachkenntnissen erwartet, dass sie „auch die Spielregeln eines zivilisierten Miteinanders beherrschen".

Benimmkurse sind noch in keinem anderen Bundesland eingeführt worden. Vielleicht könnte dem Saarland schon bald der Stadtstaat Bremen folgen. Von dort hat sich Bildungssenator Willi Lemke bereits mehrfach zu Wort gemeldet und mehr Disziplin an den Schulen gefordert.

An einer Bremer Schule können die neuen Umgangsformen sogar schon in diesem Jahr getestet werden. Die Gesamtschule „Flämische Straße" führt das Fach UBV ein. Hinter dem rätselhaften Kürzel steckt „Umgang, Benehmen, Verhalten" – der Benimmunterricht. Allerdings ist UBV erst mal nur Sache des Schulleiters Karl Witte, kein anderer Lehrer darf Benimm unterrichten. Das hat einen Grund: „Als Rektor habe ich die natürliche Autorität", sagte Witte der „Frankfurter Allgemeinen Zeitung". Autorität ist schließlich die Hauptsache, wenn gutes Benehmen Schule machen soll. Dann klappt's auch wieder mit dem Lernen, glauben die Tugendfreunde.

Quelle: Spiegel Online, 21. August 2003

2 *Fasse den Inhalt des Textes in einem Satz zusammen. Konzentriere dich hierbei auf den aktuellen Anlass (den so genannten Aufhänger) und die Kernaussage des Textes.*

3 *Der Reiz eines Kommentars liegt in der Kombination verschiedener journalistischer Stilmittel.*
*a) Unterstreiche in dem Kommentar (**▷ S. 62–63**) die Passagen, in denen reine Fakten und Hintergründe gegeben werden, grün.*
b) Unterstreiche Textstellen, in denen der Autor Stellung nimmt oder wertet, rot.

4 *Untersuche nun die sprachlichen Mittel des Kommentars. Markiere im Text sprachlich-stilistische Auffälligkeiten und notiere in der Randspalte, um welches Stilmittel es sich handelt und welche Funktion es hier haben könnte. Berücksichtige hierbei vor allem:*
- *Redewendungen und Wortspiele*
- *Ironie*
- *subjektiv wertende Sprache*

TIPP

Wenn du die Wirkung einzelner Formulierungen beschreiben willst, überlege:
- Sind sie „ernst gemeint" oder ironisch?
- Werden sie abwertend gebraucht?
- Loben oder tadeln sie etwas?
- Sollen sie beim Leser Widerspruch hervorrufen?

5 *Notiere kurz, welche Meinung der Autor zu dem Thema „Benimmunterricht" vertritt und welche Absicht er mit seinem Kommentar verfolgt.*

____

____

____

____

6 *Schreibe zwei Punkte auf, an denen du erkennen kannst, dass es sich bei dem vorliegenden Text um einen Kommentar handelt. Belege deine Aussagen mit Hinweisen auf entsprechende Textstellen (Hinweise auf die entsprechenden Zeilenangaben genügen).*

____

____

____

____

!

Ein Kommentar ist **eine subjektiv wertende Stellungnahme** zu einem aktuellen Ereignis oder Problem. **Ziel** des Kommentars ist es, die **Meinung des Lesers zu beeinflussen.**
Weitere Merkmale eines Kommentars:
- Kommentare **ordnen Ereignisse in Zusammenhänge ein** und erhellen die Hintergründe.
- **Sie nehmen eindeutig Stellung,** lassen aber oft unterschiedliche Auffassungen einfließen (z. B. als Zitat).
- Ähnlich wie bei einer Erörterung wird in einem Kommentar eine **überzeugende Argumentation** aufgebaut, in der Beispiele angeführt und Gegenargumente berücksichtigt werden. Allerdings werden die Argumente und **die eigene Meinung oft zugespitzt und pointiert verdeutlicht.** Häufig wird die Meinungsäußerung auch in Form von Aufforderungen oder Wünschen (appellative Sprache) zum Ausdruck gebracht.

Aufbau eines Kommentars:
Nach einer Einführung in das Thema und der knappen Erläuterung der Hintergründe und Zusammenhänge erfolgt die eigene Stellungnahme (Schwerpunkt des Kommentars). Oft endet der Kommentar mit einer Schlussfolgerung, einem Appell, einer Kritik oder einer Empfehlung.

Die Aufgabenstellung untersuchen

1 *Folgender Arbeitsauftrag wurde in einer Schulaufgabe gestellt:*

Verfasse einen Kommentar für eine Zeitung, in dem du zu der folgenden Aussage Stellung nimmst: „Wenn Erwachsene gute Vorbilder wären, gäbe es die Diskussion um einen Benimmunterricht nicht." Beziehe in deine Argumentation sowohl die Informationen aus den Texten (▷ S. 65–66) als auch dein eigenes Wissen mit ein.

a) Untersuche die Aufgabenstellung genau und mache dir klar, was von dir verlangt wird. Markiere dazu Begriffe und Formulierungen, die Auskunft darüber geben, was du erarbeiten sollst.
b) Kreuze an, was du bei der Erarbeitung deines Aufsatzes berücksichtigen musst.

- ☐ Ich soll meine Meinung zu der in der Aufgabenstellung formulierten Aussage begründet darlegen.
- ☐ Ich soll einen Leserbrief an eine Zeitung schreiben, in dem ich begründet Stellung nehme.
- ☐ Ich soll die Texte auf den Seiten 65 f. lesen und geeignete Informationen (z. B. Argumente und Beispiele) für meinen Aufsatz nutzen.
- ☐ Ich soll eigene Argumente und Beispiele ergänzen, die meine Meinung unterstützen.
- ☐ In meinen Kommentar sollen keine Informationen über die Hintergründe und Zusammenhänge des Themas (Benimmunterricht) einfließen.
- ☐ Ich muss die besonderen Merkmale eines Kommentars berücksichtigen.

Eine Stoffsammlung anlegen

! Um in deinem Kommentar die **Hintergründe und Zusammenhänge des Themas zu erläutern** und stichhaltig argumentieren zu können, musst du zunächst eine Stoffsammlung anlegen, in der du Informationen, Ideen und Gedanken zu deinem Thema zusammenträgst. (▷ Tipps zur Stoffsammlung findest du auf Seite 27.)

2 *Lies die folgenden Texte (▷ S. 65–66) und markiere dabei alle wichtigen Informationen zu der Frage: Gute Vorbilder statt Benimmunterricht?*

Manieren
Erwachsene sind schlechte Vorbilder

Erwachsene nörgeln häufig am Benehmen von Kindern herum: „Mach dies nicht" und „mach das nicht" bekommen sie immer wieder zu hören. Doch Deutschlands Nachwuchs ist der Meinung, dass sich die Erwachsenen durchaus einmal an die eigene Nase fassen müssten.

Eine repräsentative Umfrage des Marktforschungsinstituts *iconkids & youth* im Auftrag des Apotheken-Postermagazins „medizini" hat ergeben, dass Kindern schlechtes Benehmen der „Großen" ziemlich auf die Nerven geht. Sieben von zehn der befragten 6- bis 12-Jährigen (71,2 Prozent) gaben beispielsweise an, es störe sie, wenn sich Erwachsene vordrängelten. Weit über die Hälfte der Sprösslinge (56,2 Prozent) ärgert es zudem immens, wenn Erwachsene zu ihnen weder „Bitte" noch „Danke" sagen.

Raucher müssen draußen bleiben

Schlechtes Benehmen toleriert Deutschlands Nachwuchs vor allem auch auf den Kinderspielplätzen nicht. Mehr als

70 Prozent der Jungen und Mädchen (70,6 Prozent) zeigen sich darüber empört, wenn Erwachsene Spielplätze mit Zigarettenstummeln verdrecken oder dort ihre Hunde das große Geschäft verrichten lassen. Auch im Straßenverkehr verstehen die Kleinen keinen Spaß: Knapp die Hälfte (45,9 Prozent) zeigt sich von Erwachsenen genervt, die viel zu schnell Auto fahren.

Höflichkeit: Eltern sind Vorbilder

Gutes Benehmen und Höflichkeit sind Grundpfeiler eines guten Umgangs in der Gesellschaft. Kinder lernen dies von ihren Eltern. Sie notieren ganz genau, wie sich ihre Eltern benehmen, ob diese grüßen, um etwas bitten oder sich bedanken, wie diese über Nachbarn und Freunde reden und denken und wie sie sich gegenüber Schwächeren oder Andersdenkenden verhalten. Wenn Eltern hinter dem Rücken anderer Menschen schlecht reden und diese dann freundlich grüßen, können sie nicht erwarten, dass ihr Kind diesen Menschen mit Respekt begegnen wird. Kinder haben ein sehr feines Gespür für Ehrlichkeit und es ist wichtig, dass Eltern überlegen, wie sie mit ihren Mitmenschen umgehen und welches Benehmen sie ihren Kindern vorleben.

Gute Vorbilder statt Benimmunterricht

VBE: Werte und Benehmen müssen vorgelebt werden

Der „Verband Bildung und Erziehung" (VBE) Baden-Württemberg bemängelt, dass über das Verhalten von Kindern und Jugendlichen gerne „hergezogen" werde, dass diesen aber häufig die positiven erwachsenen Vorbilder fehlten. „Wer möchte, dass den Schülern von heute wieder Werte wichtig sind, muss diese selber vorleben", so der VBE-Sprecher. Die Schule sei mit der Werteerziehung heillos überfordert, wenn das soziale Umfeld der Schüler nicht entsprechend mitziehe.

„Kinder und Jugendliche brauchen auf dem Stundenplan keinen Benimmunterricht, sondern in erster Linie Erwachsene, die ihnen durch ihr Verhalten vormachen, was gutes Benehmen ist", mahnt der VBE-Sprecher an. Kleinkinder lernten vor allem durch Nachahmen und auch ältere orientierten sich stets an ihrem sozialen Umfeld.

Wer Kinder und Jugendliche mit gutem Benehmen will, wird sie nicht durch Appelle bekommen. Das ständige (spielerische) Einüben ist wichtig. Das eigene Vorbild ist gefragt. Auch Höflichkeit wirkt ansteckend.

Für gutes Benehmen büffeln?

Immer häufiger wird beklagt, dass Schüler kein gutes Benehmen an den Tag legen: Sie schmatzen am Esstisch, sitzen auf den Stühlen in der Schule, als befänden sie sich zu Hause auf der Wohnzimmercouch. Sie fallen ihren Mitmenschen dauernd ins Wort, sagen nicht mehr „Bitte" oder „Danke".

Wir meinen, schuld daran sind nicht allein die Schüler. Größtenteils haben sie eine falsche Erziehung genossen. Heutzutage arbeiten viele Eltern ganztags und das bedeutet, dass sie nur wenig Zeit für ihre Kinder haben. Sie haben Probleme, ihren Kindern in dieser verbleibenden kurzen Zeit auch noch gutes Benehmen beizubringen.

Deswegen sollte man vielleicht wirklich etwas ändern. Aber ist es eine gute Idee, gutes Benehmen als Schulfach einzurichten? Es gibt sicher viele Menschen, die sich diese Frage stellen. Einige stimmen dafür, dass man es als Schulfach unterrichten soll, weil dann die Lehrer den Schüler beibringen können, wie man redet, sich rücksichtsvoll verhält und was Höflichkeit bedeutet. Andere halten dagegen, dass Lehrer schließlich nicht all das nachholen können, was im Elternhaus versäumt wird. Überhaupt: Was nützt es, gutes Benehmen im Unterricht zu trainieren, wenn ansonsten die Vorbilder fehlen?

Stephanie Stuckmann, Axel Feige, 9 a, Ganztagsschule Hegholt

3 *Lege nun eine geordnete Stoffsammlung für deinen Kommentar an. Nutze dazu die Informationen aus den Texten von Seite 65 f. und ergänze sie mit eigenen Argumenten und Beispielen. Du kannst die folgende Stoffsammlung in deinem Heft weiterführen.*

Meinung: Wenn Eltern gute Vorbilder wären, gäbe es die Diskussion um einen Benimmunterricht gar nicht.

Oberbegriff: **Kindern und Jugendlichen fehlen positive erwachsene Vorbilder**

Unterpunkte: – Umfrage des Marktforschungsinstituts „iconkids & youth": 71,2 Prozent aller befragten Kinder beklagen sich über Erwachsene, die sich vordrängeln, 70,6 Prozent stört, dass Erwachsene ihre Zigarettenkippen auf dem Spielplatz hinterlassen und dort auch ihre Hunde das große Geschäft verrichten lassen, 45, 9 Prozent sind verärgert über zu schnelles Autofahren, 56,2 Prozent beanstanden, dass Erwachsene weder „Bitte" noch „Danke" sagen.

– ...

Oberbegriff: **Kinder erlernen gutes Benehmen und Höflichkeit von Eltern bzw. erwachsenen Vorbildern**

Unterpunkte: – ...

Die Gliederung entwerfen

4 *Erstelle eine Gliederung für den Hauptteil deines Kommentars. Nimm hierzu deine Stoffordnung von Aufgabe 3 zu Hilfe.*

TIPP

A. Einführung in das Thema und knappe Erläuterung der Hintergründe

B. Eigene Stellungnahme
I. Argument
II. Argument

C. Schlussgedanke (z. B. Appell, Kritik, Empfehlung)

A. Klagen über das schlechte Benehmen der Jugend sind schon bei Sokrates zu finden; derzeit aktuelle Diskussion über einen Benimmunterricht.

B. Wenn Eltern gute Vorbilder wären, gäbe es die Diskussion um einen Benimmunterricht gar nicht.

I. Kindern und Jugendlichen fehlen positive erwachsene Vorbilder.
1. ...
2. ...

II. Kinder erlernen gutes Benehmen und Höflichkeit von Eltern bzw. erwachsenen Vorbildern.
1. ...
2. ...

C. Gutes Benehmen ist nicht allein Sache der Jugend. Appell: Erwachsene, benehmt euch!

Die sprachliche Ausgestaltung eines Kommentars

Die Einleitung schreiben
Die Einleitung eines Kommentars soll in das Thema einführen und die Hintergründe sowie die Zusammenhänge (meist gesellschaftspolitische Bezüge) des Themas erläutern. Deine Einleitung darf durchaus zugespitzt und etwas salopp formuliert sein. Um die Aufmerksamkeit des Lesers zu wecken, kannst du diesen direkt ansprechen oder auf ein Zitat zurückgreifen.

5 *Schreibe eine Einleitung, in der du in das Thema einführst und die Hintergründe knapp erläuterst. Versuche schon hier, das Interesse der Leser zu wecken. Du kannst die folgende Einleitung fortführen, indem du auf das nebenstehende Zitat von Sokrates zurückgreifst.*

Unsere Erwachsenen stehen unter Schock: Die Jugendlichen haben kein Benehmen mehr. Dabei ist das Problem nicht neu. Schon Sokrates …

„Unsere Jugend liebt den Luxus, hat schlechte Manieren und keinen Respekt vor dem Alter. Sie stehen nicht auf, wenn ein Älterer das Zimmer betritt. Sie widersprechen den Eltern, schlürfen beim Essen und quälen ihre Lehrer."
Sokrates, griechischer Philosoph (4. Jh. v. Chr.)

6 *Formuliere nun den Hauptteil deines Kommentars aus, indem du zum Thema eindeutig Stellung nimmst. Achte auf eine überzeugende Argumentation, aber auch darauf, dass du in deinem Text die sprachlichen Merkmale eines Kommentars berücksichtigst. Beachte hierzu auch die unten stehenden Formulierungshilfen und den Merkkasten auf Seite 69.*

Kein Mensch will bezweifeln, dass ein gutes Benehmen wichtig ist. Das gilt nicht nur für das Zusammensein in der Schule und im späteren Beruf, sondern grundsätzlich für ein gutes	Gegenargument wird entkräftet
Miteinander in der Gesellschaft. Dafür brauchen Kinder und Jugendliche aber keinen Benimmunterricht, sondern positive erwachsene Vorbilder, die Werte und gutes Benehmen vorleben.	These wird genannt
Aber gibt es diese positiven Vorbilder für uns? Schauen wir uns einmal an, was Kinder dazu sagen. Laut einer aktuellen Umfrage des Marktforschungsinstituts „iconkids & youth" …	Leser wird direkt angesprochen

Formulierungshilfen für die sprachliche Gestaltung des Kommentars

Wendungen, die einen Bezug zu einem Text, einem Zitat usw. herstellen	– In dem Zeitungsartikel/Text ist die Rede davon, dass … – Wenn erwähnt wird, dass …, so zeigt dies deutlich … – Wenn … sagt, dass …
Wendungen, um Sachverhalte gegenüberzustellen	– Aber andererseits sei angemerkt/ist zu bedenken, dass … – Im Gegensatz dazu muss … – Dem steht jedoch die Einsicht gegenüber, dass … – Allerdings sollte man nicht vergessen …
Wertende Adjektive, Verben und Wendungen	**Adjektive:** – ungehobelt, taktlos, mürrisch, faul, schädlich, beklagenswert, bedauerlich, peinlich – nützlich, brauchbar, hilfreich, förderlich, zweckmäßig, geeignet, vorteilhaft, hervorragend, ausgezeichnet, beeindruckend, euphorisch **Verben** – überraschen, enttäuschen, beunruhigen, erfreuen, erstaunen, ernüchtern, erschrecken, zu bedenken geben **Wendungen** – kein Wunder, an die eigene Nase fassen, jeder kennt zahllose Beispiele

!

Die sprachliche Ausgestaltung des Hauptteils
Ähnlich wie bei einer Erörterung wird in einem Kommentar eine **überzeugende Argumentation** aufgebaut, in der Beispiele angeführt und Gegenargumente berücksichtigt werden. Allerdings werden die Argumente und **die eigene Meinung oft zugespitzt und pointiert verdeutlicht.**

Anregungen für die sprachliche Gestaltung eines Kommentars
- **Verständlich und anschaulich schreiben:** Formuliere einfach und verständlich und versuche, die Sachverhalte so anschaulich wie möglich zu beschreiben.
- **Interesse wecken:** Eine reizvolle Überschrift und ein interessanter Einstieg ins Thema wecken das Interesse deiner Leser. Durch einprägsame Metaphern (z. B.: „ins Fettnäpfchen treten"), Wortspiele (z. B: „aller Anstand ist schwer") oder Redewendungen (z. B.: „Zucht und Ordnung") machst du deinen Kommentar unterhaltsam.
- **Adressatenbezug herstellen:** Sprich deine Leser direkt an und beziehe sie ein, z. B. durch rhetorische Fragen: „Aber gibt es denn heute noch diese positiven Vorbilder?"
- **Subjektive Wertung herausarbeiten:** In deinem Kommentar willst du die Informationen nicht nur darlegen, sondern auch bewerten. Verwende hierzu wertende Nomen (z. B.: „Rüpel", „Flegel"), Adjektive (z. B. „ungehobelt", „taktlos", „mürrisch") und Verben (z. B.: „überraschen", „enttäuschen").

7 *Formuliere einen Schluss für deinen Kommentar, indem du einen Appell, eine Kritik oder eine Empfehlung formulierst. Du kannst die folgenden Ideen zu Hilfe nehmen.*

Appell: Erwachsene, benehmt euch und seid uns endlich ein Vorbild!

Rhetorische Frage: Wer muss zuerst lernen, was Anstand heißt?

Rhetorische Frage: Was nützt es, wenn Benimmregeln in der Schule unterrichtet werden, wenn außerhalb der Schule ganz andere Maßstäbe gelten?

kritische Schlussfolgerung: Gutes Benehmen kann nicht allein Sache der Jugend sein!

kritische Schlussfolgerung: Wer sich über das schlechte Benehmen von Jugendlichen beschwert, muss auch über einen Benimmunterricht für Erwachsene nachdenken.

Wortspiel: Alter schützt vorm Flegeln nicht!

8 *Finde eine Überschrift, die das Interesse der Leser weckt.*

9 *Überarbeite deinen Kommentar mit Hilfe der Checkliste von Seite 72.*

!

Den Schluss schreiben
Der Schluss deines Kommentars sollte – sozusagen als Zusammenfassung oder Pointe deines Kommentars – rhetorisch zugespitzt sein, denn dadurch bleibt dem Leser das Gesagte besonders in Erinnerung.
Du kannst zum Beispiel einen Appell (Wunsch, Aufforderung) formulieren, eine rhetorische Frage einbringen oder ein Wortspiel einflechten (z. B. indem du ein bekanntes Sprichwort abänderst).

Fit für die Schulaufgabe: Einen Kommentar verfassen

Folgender Arbeitsauftrag wurde in einer Schulaufgabe gestellt:
Verfasse einen Kommentar für eine Zeitung, in dem du Stellung zum Thema „Generation Nesthocker" nimmst. Beziehe in deine Argumentation sowohl die Informationen aus den beiden Texten (▷ S. 70) als auch dein eigenes Wissen mit ein.

1 *Untersuche die Aufgabenstellung genau und mache dir klar, was von dir verlangt wird. Markiere dazu Begriffe und Formulierungen, die Auskunft darüber geben, was du erarbeiten sollst.*

2 *Bereite eine Stoffsammlung zum Thema „Generation Nesthocker" vor. Lies dazu die folgenden Texte aufmerksam durch und markiere dabei wichtige Informationen.*

Generation Nesthocker: Zu viel Fürsorge, zu wenig Streit

Jeder zweite junge Erwachsene lebt auffallend lange bei den Eltern. Die Zeit zwischen Jugend und Erwachsensein verlängert sich damit, die Betroffenen entwickeln sich langsamer.

In den 70er-Jahren war es üblich, sich möglichst schnell eine eigene Wohnung zu nehmen. Mehr als 90 Prozent der jungen Frauen zogen mit 20, junge Männer spätestens mit 21 Jahren von zu Hause aus. Heute hat sich der Zeitpunkt für 50 Prozent der jungen Erwachsenen um rund zehn Jahre nach hinten verschoben. Zwischen Jugend und Erwachsensein zeichnet sich damit eine neue Phase ab, ein Entwicklungsstopp oder eine Warteschleife im psychischen Reifungsprozess. Das sind die Resultate einer Studie, die Inge Seiffge-Krenke über einen Zeitraum von 14 Jahren leitete und in deren Rahmen sie 200 Familien regelmäßig befragte.

Die Hauptursachen für die verzögerte Reife sind einerseits äußere Gegebenheiten, wie eine längere Ausbildungszeit, aber auch der Mangel an Arbeitsplätzen und damit an Geld. Ohne finanzielle Basis lässt sich der Traum von der eigenen Wohnung aber nicht verwirklichen. Mit ein Grund sind auch psychische Bedingungen innerhalb der Familie. Zum einen erhalten junge Menschen oft eine ihrem Alter unangemessene Unterstützung von den Eltern: das Hotel-Mama-Phänomen. Wer zu Hause rundum wie ein kleines Kind verwöhnt wird, bleibt gerne und entwickelt sich damit nicht weiter. Außerdem vermeiden viele Familien Konflikte, die aber für die psychische Reifung eines Menschen dringend notwendig sind. Fehlen diese Konflikte, wird ein junger Mensch nicht selbstständig, erklärt Inge Seiffge-Krenke. Der Entschluss, auszuziehen und erwachsen zu werden, fällt also schneller, wenn die Eltern weniger verwöhnen und nicht jedem Streit aus dem Weg gehen.

Quelle: Focus online, 03/2007

Fehlt die Spannung zwischen den Generationen?

Die 15. Shell-Jugendstudie[1], die gerade in Berlin vorgestellt wurde, befasst sich detailliert mit den Perspektiven, den Werten und Befindlichkeiten der 15- bis 25-Jährigen. Die notwendige Spannung zwischen den Generationen sei fast verschwunden, sagt Professor Hurrelmann (Leiter der Studie). 70 Prozent der Jugendlichen würden zum Beispiel ihre Kinder so erziehen wollen, wie die eigenen Eltern dies getan hätten. „Das klingt harmonisch, ist aber eigentlich zutiefst beunruhigend." Erschwerend komme noch die auffällige „Juvenalisierung"[2] des Erwachsenenalters hinzu, sprich: Eltern werden ihren Kindern immer ähnlicher. „Die Tochter kommt mit einer provokanten Frisur nach Hause und die Mutter fragt nach der Adresse des Friseurs, statt sich aufzuregen. Wie soll sich das Mädchen da abgrenzen? Wie soll sie sagen: Das bin ich und ich bin jemand anderer als ihr?" Die Alten rücken den Jungen dermaßen auf den Pelz, dass die kaum noch Luft zum Atmen haben. Um sich aus dieser Umklammerung zu befreien, müssten die Jüngeren in einer vollkommen unverhältnismäßigen Weise auf die Pauke hauen. Das tun sie nicht, dafür sind die Konflikte mit den Eltern wieder zu gering, die wirtschaftlichen Verhältnisse zu schwierig, das „Hotel Mama" zu bequem.

Quelle: Die Zeit, 21.09.2006

1 **Shell-Jugendstudie:** regelmäßig vom Mineralölkonzern „Shell" veröffentlichte Studie zu Einstellungen, Werten und Gewohnheiten der Jugendlichen in Deutschland
2 **Juvenalisierung:** Orientierung am Stil und Geschmack der Jugend

3 *Mache dir noch einmal den Inhalt und die Absicht der beiden Texte deutlich. Fasse hierzu die beiden Texte knapp in deinem Heft zusammen. Die folgenden Bausteine helfen dir dabei.*

- Der Text „Generation Nesthocker: Zu viel Fürsorge, zu wenig Streit" stellt einen direkten Zusammenhang zwischen dem späten Ausziehen von zu Hause und ... her.
  Als Gründe werden genannt, dass die Jugendlichen, die zu Hause bleiben ...
- Dass es heute weniger Spannungen zwischen den Generationen gibt, liegt laut dem Text „Fehlt die Spannung zwischen den Generationen?" nicht nur an den Jugendlichen, sondern auch daran, dass ...

4 *In der Aufgabenstellung (▷ S. 70) wird verlangt, dass du zum Thema „Generation Nesthocker" in einem Kommentar kritisch Stellung nimmst. Formuliere deutlich deinen Standpunkt zum Thema, damit du ihn beim Vorbereiten und Schreiben deines Kommentars nicht aus den Augen verlierst. Schreibe in dein Heft.*

- Ich bin der Meinung, dass ...

5 *a) Lege nun eine Stoffsammlung für deinen Kommentar an. Nutze dazu die Informationen aus den Texten von Seite 70 und notiere alle Punkte, die du in deinem Kommentar verwenden könntest. Ergänze deine Stoffsammlung mit eigenen Ideen, Argumenten und Beispielen (▷ Tipps zum Anlegen einer Stoffsammlung findest du auf Seite 27).*

- Wandel über die letzten Jahrzehnte: Trend, zu Hause zu bleiben, nimmt zu.
  → zwischen Jugend und Erwachsenenalter liegt neue Phase (Entwicklungsstopp, Warteschleife)
- Gründe für das Zu-Hause-Leben: ...

...

b) Ordne deine Stoffsammlung nach inhaltlichen Gesichtspunkten:
- ☐ *Markiere zusammengehörige Punkte, z. B. mit der gleichen Farbe.*
- ☐ *Suche für die zusammengehörigen Punkte jeweils einen passenden Oberbegriff.*
- ☐ *Fasse die Aspekte, die sich inhaltlich überschneiden, zusammen.*
- ☐ *Ergänze eigene Ideen, Argumente und Beispiele.*

TIPP: *Überlege, was du für die Einleitung, den Hauptteil und den Schluss verwenden kannst.*

6 *Erstelle eine Gliederung für deinen Kommentar. Mache dir Notizen zur Einleitung, zum Hauptteil und zum Schluss.*

TIPP

A. Einführung in das Thema und knappe Erläuterung der Hintergründe

B. Eigene Stellungnahme
I. Argument
II. Argument
...

C. Schlussgedanke (z. B. Appell, Kritik, Empfehlung)

7 *Verfasse nun deinen Kommentar zum Thema „Nesthocker". Schreibe in dein Heft.*

a) Formuliere eine interessante Einleitung, in der du in das Thema einführst und die Hintergründe knapp erläuterst.

b) Setze dich im Hauptteil kritisch mit dem „Nesthocker-Phänomen" auseinander. Lege die Gründe hierfür sachlich dar und nimm wertend dazu Stellung. Setze gezielt rhetorische Mittel ein (z. B. rhetorische Fragen, Ironie, subjektive Wertungen, Wortspiele). (▷ Tipps und Formulierungshilfen für die sprachliche Gestaltung deines Kommentars findest du auf den Seiten 68–69.)

c) Schreibe einen Schluss, in dem du noch einmal deine Meinung deutlich machst oder den Leser zum Nachdenken anregst. Du kannst zum Beispiel einen Appell (Wunsch, Aufforderung) formulieren, eine rhetorische Frage einbringen oder ein Wortspiel einflechten (z. B. indem du ein bekanntes Sprichwort abänderst).

d) Finde eine Überschrift, die das Interesse der Leser weckt.

8 *Überarbeite deinen Kommentar mit Hilfe der Checkliste auf Seite 72.*

☑ Checkliste: Freiere Formen des Erörterns – Einen Kommentar verfassen

☐ **1. Themastellung klären:**
Untersuche das Thema genau und kläre, zu welchem Thema du mit deinem Kommentar Stellung beziehen sollst.

☐ **2. Stoffsammlung anlegen:**
Sammle Ideen, Gedanken, Argumente und Beispiele zum Thema (z. B. in einer Tabelle, in einem Cluster oder in einer Mindmap).

☐ **3. Stoffsammlung ordnen:**
Ordne deine Stoffsammlung nach inhaltlichen Gesichtspunkten:
- Markiere zusammengehörige Punkte, z. B. mit der gleichen Farbe.
- Suche für die zusammengehörigen Punkte jeweils einen passenden Oberbegriff.
- Fasse die Aspekte, die sich inhaltlich überschneiden, zusammen.
- Ergänze eigene Ideen, Argumente und Beispiele.

☐ **4. Gliederung erstellen:**
Erstelle eine Gliederung für deinen Kommentar. Mache dir Notizen zur Einleitung, zum Hauptteil und zum Schluss.

A. Einführung in das Thema und knappe Erläuterung der Hintergründe
B. Eigene Stellungnahme
  I. Argument
  II. Argument
  ...
C. Schlussgedanke (z. B. Appell, Kritik, Empfehlung)

☐ **5. Den Kommentar schreiben:**

Einleitung:
Die Einleitung eines Kommentars soll in das Thema einführen und die Hintergründe sowie die Zusammenhänge (meist gesellschaftspolitische Bezüge) des Themas erläutern. Deine Einleitung darf durchaus zugespitzt und etwas salopp formuliert sein. Um die Aufmerksamkeit des Lesers zu wecken, kannst du diesen direkt ansprechen oder auf ein Zitat zurückgreifen.

Hauptteil:
Baue – ähnlich wie bei einer Erörterung – eine **überzeugende Argumentation** auf, in der du Beispiele anführst und Gegenargumente berücksichtigst. Sei präzise und unterstütze deine Argumentation durch **geeignete rhetorische Mittel,** z. B.:
- Schreibe verständlich und anschaulich.
- Wecke das Interesse der Leser, z. B. durch einprägsame Metaphern, Wortspiele und Redewendungen.
- Sprich deine Leser an und beziehe sie ein, z. B. durch rhetorische Fragen.
- Arbeite deine subjektive Wertung heraus, z. B. durch wertende Nomen, Adjektive und Verben

(▷ Tipps und Formulierungshilfen für die sprachliche Gestaltung deines Kommentars findest du auf den Seiten 68–69.)

Schluss:
Schreibe einen Schluss, in dem du noch einmal deine Meinung deutlich machst oder den Leser zum Nachdenken anregst. Du kannst zum Beispiel einen Appell (Wunsch, Aufforderung) formulieren, eine rhetorische Frage einbringen oder ein Wortspiel einflechten (z. B. indem du ein bekanntes Sprichwort abänderst).

Überschrift:
Finde eine Überschrift, die das Interesse der Leser weckt.

☐ **6. Gliederung überprüfen:**
Überprüfe abschließend noch einmal, ob die anfangs erstellte Gliederung zu deinem Text passt. Passe gegebenenfalls die Gliederung deinem Aufsatz an.

Argumentieren

Eine Debatte vorbereiten und durchführen

Eine Debatte ist eine besonders streng geregelte Form der Diskussion und kommt vor allem im politischen Bereich vor (z. B. im Bundestag). **Es stehen sich** klar abgegrenzte **Pro- und Kontra-Positionen gegenüber,** die in Form kurzer Reden ausgetauscht werden.
Das Ziel der Redner/-innen ist es, die Zuhörer/-innen bzw. im Wettbewerb die Jury von den eigenen Argumenten zu überzeugen. Die Debatte kann von einer neutralen Person (Moderator/-in) geleitet werden.
Im Deutschunterricht der 9. Jahrgangsstufe kann eine Schulaufgabe durch eine Debatte ersetzt werden.
Weil eine Debatte keine reine Einzelarbeit ist, gliedert sich dieses Kapitel in zwei Teile:

- Den ersten Teil dieses Kapitels (▷ S. 74–76) kannst du alleine erarbeiten. Hier übst du, wie du dich auf das Thema einer Debatte vorbereiten kannst, indem du dir eine Stoffsammlung anlegst.
- Den zweiten Teil dieses Kapitels (▷ S. 77–79) solltest du gemeinsam mit anderen (einer Gruppe von vier bis zehn Schüler/-innen) erarbeiten. Hier übt ihr, wie ihr eure Argumente überzeugend vortragen könnt, wie ihr auf Gegenargumente reagiert und einen Bezug zu eurer Vorrednerin oder eurem Vorredner herstellt.

Teil I (Einzelarbeit): Eine Stoffsammlung für eine Debatte anlegen

1 *Das folgende Thema soll in Form einer Debatte diskutiert werden. Untersuche die Themenstellung genau und mache dir klar, was von dir bei dieser mündlichen Schulaufgabe verlangt wird. Markiere dazu Begriffe und Formulierungen, die Auskunft über das Thema der Debatte geben.*

Immer wieder erschüttern Schlagzeilen von besonders gewalttätigen Kindern und Jugendlichen unsere Gesellschaft. Soll das Jugendstrafrecht verschärft werden und die Altersgrenze für eine Strafmündigkeit von 14 auf 12 Jahre herabgesetzt werden?

2 *Wenn du über ein Thema, z. B. „Verschärfung des Jugendstrafrechts", diskutieren willst, solltest du gut informiert sein, denn nur durch Sachkenntnis und stichhaltige Argumente kannst du deinen Standpunkt überzeugend vertreten und auf Gegenargumente reagieren.*
a) Lies die folgenden Texte (▷ S. 73–75) aufmerksam durch. Kläre dann Begriffe oder schwierige Textstellen, die du nicht verstehst, z. B. aus dem Textzusammenhang.
b) Lies die Texte erneut und markiere dabei die wichtigsten Informationen zum Thema „Jugendstrafrecht".

Text A
Gewisse Laschheit

Von Steffen Winter

Den Empfehlungen von Experten zum Trotz: Ein Thüringer Jugendrichter setzt auf ungewöhnliche Urteile und Härte bei Ersttätern.

Vor dem Amtsrichter sitzt ein 17-Jähriger, der einem Jugendlichen im Bus per Kopfstoß das Nasenbein gebrochen hat. Der junge Mann ist für die Polizei ein unbeschriebenes Blatt, halbwegs geständig und Ersttäter. Bei Richter Kropp ist er mit seiner unschönen Attacke jedoch grundsätzlich an der falschen Adresse: „Zwei Wochen Jugendarrest", lautet das Urteil. Sofort wegsperren statt Bewährung: „Am Anfang einer kriminellen Karriere brauchen wir Härte, nicht am Ende."
Jugendrichter Kropp ist berühmt für seine Urteile. Notorische Schulschwänzer schickte er schon mal in den Arrest, einen rechten Fußballfan zwang er, Joachim Fests Hitler-Biografie zu lesen, ein anderer Nazi-Jünger musste 300 Arbeitsstunden in einem Aussiedlerheim ableisten, und einen jungen Tierquäler schickte er für unglaubliche 750 Arbeitsstunden in jenes Tierheim, in welches das malträtierte Frettchen eingeliefert wurde.

Autoren- und Textquellenverzeichnis

S. 3 f: Yoko Rückerl: Rebellion gegen die Schwerkraft. Aus: Berliner Zeitung, 25. 08. 2006;
S. 10: Ullrich Stock: Der geborene Werbeträger. Aus: DIE ZEIT, 16. 08. 2001;
S. 14 f.: Johann Peter Hebel: Unverhofftes Wiedersehen. Aus: Erzählungen und Aufsätze des Rheinländischen Hausfreunds. Carl Hanser Verlag, München/Wien 1985, S. 302–305;
S. 22: Kurt Marti: Neapel sehen. Aus: Dorfgeschichten. Luchterhand Verlag, Darmstadt 1983;
S. 27: Dieter Lohmann: Doping auf Rezept? (gekürzt) Aus: http://www.g-o.de/dossier-detail-174-15.html (12.04.2010);
S. 39: Carsten Lißmann: Früher Demokratie wagen (gekürzt). Aus: http://www.zeit.de/online/2007/12/wahlrecht-ab-16-kommentar (12. 04. 2010);
S. 40: Ralf Neukirch: Warum das Wahlalter bei 18 Jahren bleiben sollte (gekürzt). Aus: http://www.spiegel.de/politik/debatte/0,1518,619686,00.html (12. 04. 2010);
S. 46: Annette Bernhart: Was spricht für eine Ganztagsschule? u. Was spricht gegen eine Ganztagsschule? Aus: http://www.schule-bw.de/schularten/grundschule/3gsinfos/8well/beispiele_weiterf_schulen/14_kontroverse_ganztagsschule.html (12. 04. 2010);
S. 50 f.: Frühaufsteher erhalten bessere Noten. Aus: http://www.spiegel.de/schulspiegel/0,1518,429974,00.html (12. 04. 2010);
S. 59: Raik Hannemann: Und die Räder stehen still. Aus: http://www.welt.de/debatte/kommentare/article6073135/Und-die-Raeder-stehen-still.html (12. 04. 2010);
S. 62 f.: Jörg Hackhausen: Aller Anstand ist schwer (gekürzt). Aus: http://www.spiegel.de/unispiegel/wunderbar/0,1518,262005,00.html (12. 04. 2010);
S. 65: Erwachsene sind schlechte Vorbilder. Eine repräsentative Umfrage des Apotheken-Postermagazins „medizini", durchgeführt vom Münchner Marktforschungsinstitut iconkids & youth international research bei 721 Kindern im Alter zwischen 6 und 12 Jahren. Mehrfachnennungen waren möglich.
S. 66: Gute Vorbilder statt Benimmunterricht (gekürzt). Aus: http://www.lizzynet.de/dyn/152153.php (12. 04. 2010);
S. 66: Axel Feige und Stephanie Stuckmann: Für gutes Benehmen büffeln? Aus: http://www.abendblatt.de/hamburg/article667458/Fuer-gutes-Benehmen-bueffeln.html (12. 04. 2010);
S. 70: Monika Preuk: Generation Nesthocker (gekürzt). Aus: http://www.focus.de/gesundheit/ratgeber/psychologie/news/tid-5367/psycho-trend_aid_51332.html (12. 04. 2010);
S. 70: Susanne Gaschke: Fehlt die Spannung zwischen den Generationen? (gekürzt). Aus: DIE ZEIT, 21. 09. 2010;
S. 73 f.: Steffen Winter: Gewisse Laschheit (gekürzt). Aus: DER SPIEGEL 3/2008;
S. 74 f.: Arthur Kreuzer: Knast für Crashkids? (gekürzt). Aus: http://www.zeit.de/online/2008/03/kinderknaeste-kreuzer (15. 01. 2008)

Bildquellenverzeichnis

Titelfoto: Thomas Schulz
S. 3: ullstein bild - ddp
S. 8: vario images

Redaktion: Kirsten Krause
Bildrecherche: Eireen Junge

Illustrationen: Lisa Hartung
Umschlaggestaltung: Katrin Nehm
Layoutkonzept: Katharina Wolff
Layout und technische Umsetzung: werkstatt für gebrauchsgrafik, Berlin

www.cornelsen.de

1. Auflage, 1. Druck 2010

Druck: Himmer AG, Augsburg

ISBN 978-3-464-60412-0

Inhalt gedruckt auf säurefreiem Papier aus nachhaltiger Forstwirtschaft.